bikeline

Was ist bikeline?

Wir sind ein Team von Redakteuren, Kartografen, Geografen und anderen Mitarbeitern, die allesamt begeisterte Radfahrerinnen und Radfahrer sind. Ins „Rollen" gebracht hat das Projekt 1987 eine Wiener Radinitiative, die begonnen hat, Radkarten zu produzieren. Heute tun wir dies als Verlag mit großem Erfolg. Mittlerweile gibt's bikeline® und cycline® Bücher in fünf Sprachen und in vielen Ländern Europas.

Um unsere Bücher immer auf dem letzten Stand zu halten, brauchen wir auch Ihre Hilfe. Schreiben Sie uns, wenn Sie Unstimmigkeiten oder Änderungen in einem unserer Bücher entdeckt haben.

Wir freuen uns auf Ihre Rückmeldung (redaktion@esterbauer.com),

Ihre bikeline-Redaktion

Vorwort

Der Radfernweg Hamburg-Bremen führt durch eine typische norddeutsche Landschaft mit üppig grünen Flussauen, stillen Wäldern, Mooren und Geestrücken. Zwischen den beiden turbulenten Metropolen entdecken Sie prächtige alte Bauernhäuser und malerische Orte. Sittensen mit dem Handwerkermuseum, das Kloster Zeven, die Harburger Berge mit dem Freilichtmuseum Kiekeberg und das Tister Bauernmoor sind nur einige Stationen, an denen ein Verweilen lohnt. Der mit 150 Kilometern recht kurze Radweg kann durch mehrere Ausflüge verlängert werden. Empfehlenswert ist zum Beispiel die 40 Kilometer lange Radrunde durch das Teufelsmoor in das Künstlerdorf Worpswede.

Präzise Karten, genaue Streckenbeschreibungen, zahlreiche Stadt- und Ortspläne, Hinweise auf das kulturelle und touristische Angebot der Region und ein umfangreiches Übernachtungsverzeichnis – in diesem Buch finden Sie alles, was Sie zu einer Radtour auf dem Radfernweg Hamburg-Bremen brauchen – außer gutem Radlwetter, das können wir Ihnen nur wünschen.

3

Kartenlegende

Radrouten (cycling routes)

Hauptroute, wenig KFZ-Verkehr
(main cycle route, low motor traffic)

- asphaltiert (main cycle route, paved surface)
- nicht asphaltiert (main cycle route, unpaved surface)
- schlecht befahrbar (main cycle route, bad surface)

Hauptroute, autofrei / Radweg
(main cycle route, without motor traffic / cycle path)

- asphaltiert (cycle path, paved surface)
- nicht asphaltiert (cycle path, unpaved surface)
- schlecht befahrbar (cycle path, bad surface)

Ausflug od. Variante, wenig KFZ-Verkehr
(excursion or alternative cycle route, low motor traffic)

- asphaltiert (excursion or alternative route, paved surface)
- nicht asphaltiert (excursion, unpaved surface)
- schlecht befahrbar (excursion, bad surface)

Ausflug od. Variante, autofrei / Radweg
(excursion or alternative route, without motor traffic / cycle path)

- asphaltiert (excursion or alternative route, paved surface)
- nicht asphaltiert (excursion, unpaved surface)
- schlecht befahrbar (excursion, bad surface)

Sonstiges (other cycle routes)

- sonstige Radroute (other cycle route)

- Radweg in Planung (planned cycle path)
- Radweg gesperrt (closed cycle path)
- Schiebestrecke (dismounting recommended)
- Einbahnführung (one-way connection)
- Zugverbindung (train connection)
- Fährverbindung (ferry connection)
- Kopfsteinpflaster (cobbled street)
- Tunnel (tunnel)
- verkehrsreiche Radroute (cycle route with significant motor traffic)
- Radfahrstreifen (cycle lane)
- straßenbegleitender Radweg (cycle path along road!)
- Straße für Radfahrer gesperrt (road closed to cyclists)
- Beschriebene Fahrtrichtung (described direction)
- 5 Wegpunkt (waypoint)

Steigungen / Entfernungen (gradient / distance)

- starke Steigung (steep gradient, uphill)
- leichte bis mittlere Steigung (light gradient, uphill)
- 2,4 Entfernung in Kilometern (distance in km)
  Durch Rundungen können Differenzen zu den tatsächlich gefahrenen Kilometern entstehen. (The values may differ from actual distances due to rounding off.)

Radinformationen (important cycling information)

- Fahrradwerkstatt* (bike workshop*)
- Fahrradvermietung* (bike rental*)
- überdachter Abstellplatz* (covered bike stands*)
- abschließbarer Abstellplatz* (lockable bike stands*)
- E-Bike Ladestation (E-bike charging station)
- Infotafel* (information board*)
- Gefahrenstelle (dangerous section)
- Text beachten (read text carefully)
- Treppe (stairs)
- Tragestrecke (bicycle must be carried!)
- Engstelle* (constriction, bottleneck*)
- Stadt- /Ortsplan (city map)

Nur in Ortsplänen (symbols only in the city maps)

- P Parkhaus* (garage*)
- Theater* (theatre*)
- Post* (post office*)
- Apotheke* (pharmacy*)
- H Krankenhaus* (hospital*)
- F Feuerwehr* (fire-brigade*)
- Polizei* (police*)

* Auswahl (* selection)

Maßstab 1 : 50.000

1 cm ≙ 500 m   1 km ≙ 2 cm

0   1   2   3   4   5   6   7   8   9   10 km

Sehenswertes / Einrichtungen (sights of interest / facilities)

Kirche; Kapelle (church; chapel)
Kloster (monastery/convent)
Synagoge; Moschee (synagogue; mosque)
Schloss, Burg; Ruine (palace, castle; ruin)
Turm; Leuchtturm (tower; lighthouse)
Wassermühle; Windmühle (watermill; windmill)
Kraftwerk (power station)
Bergwerk; Höhle (mine; cave)
Denkmal (monument)
Flughafen (airport)

sonstige Sehenswürdigkeit (other sight of interest)
Museum (museum)
Ausgrabungen; röm. Objekte (excavations; roman site)
Tierpark; Naturpark-Information (zoo; nature info)
Naturpark, -denkmal (nature reserve, monument)
sonstige Natursehenswürdigkeit (natural sight of interest)
Aussichtspunkt* (panoramic view*)
Tourist-Information; Gasthaus (tourist information; restaurant)
Hotel, Pension; Jugendherberge (hotel, guesthouse; youth hostel)
Camping-; Naturlagerplatz* (camping site; simple tent site*)
Einkaufsmöglichkeit*; Kiosk* (shopping facility*; kiosk*)
Rastplatz*; Unterstand* (picnic tables*; covered stand*)
Freibad; Hallenbad (outdoor pool; indoor pool)
Brunnen*; Parkplatz* (drinking fountain*; parking lot*)
Schönern sehenswertes Ortsbild (picturesque town)
Einrichtung im Ort vorhanden (facilities available)

Topographische Informationen (topographic information)

Kirche; Kapelle (church; chapel)
Kloster (monastery)
Synagoge; Moschee (synagogue; mosque)
Schloss, Burg; Ruine (palace, castle; ruins)
Turm; Leuchtturm (tower; lighthouse)
Wassermühle; Windmühle (windmill; water mill)
Kraftwerk; Solaranlage (power station; solar power station)
Bergwerk; Höhle (mine; cave)
Denkmal; Hügelgrab (monument; burial mound)
Flughafen; Flugplatz (airport; airfield)

Windkraftanlage (windturbine)
Funk- und Fernsehanlage (TV/radio tower)
Umspannwerk, Trafostation (transformer station)
Wegkreuz; hist. Grenzstein (wayside cross; boundary stone)
Sportplatz, Stadion (playing field, stadium)
Golfplatz; Tennisplatz (golf course; tennis courts)
Schiffsanleger; Schleuse (boat landing; sluice/lock)
Quelle (natural spring)
Kläranlage (wastewater treatment plant)
Staatsgrenze mit Übergang (international border crossing)
Landesgrenze (country border)
Kreis-, Bezirksgrenze (district border)
Naturschutzgebiet, Naturpark, Nationalpark (nature reserve, national park)
Truppenübungsplatz, Sperrgebiet (prohibited zone)

Autobahn; Schnellstraße (motorway/freeway; expressway)
Fernverkehrsstraße (highway)
Hauptstraße (main roads)
untergeordnete Hauptstraße (secondary main road)
Nebenstraße; Fahrweg (secondary road; side street/access road)
Weg; Fähre (track; ferry)
Straße geplant/in Bau (road planned/under construction)
Eisenbahn/Bahnhof; S-Bahnhof (railway/station; suburban station)
Eisenbahn stillgelegt; geplant (railway disused; planned)
Schmalspurbahn (narrow gage railway)
Bergbahn; Seilbahn (mountain railway; cable car)
Wald; Parkanlage (forest; park)
Sumpf; Heide (marsh/bog; heath)
Weinbau; Gartensiedlung* (vineyards; allotment gardens*)
Friedhof; Düne, Strand (cemetery; dunes, beach)
Watt; Gletscher (tidal flats; glacier)
Felsen; Geröll (rock, cliff; scree)
Steinbruch, Tagebau* (quarry, open cast mine*)
Gewerbe-, Industriegebiet (commercial/industrial area)
Siedlungsfläche; öffentl. Gebäude (built-up area)
Stadtmauer, Mauer (defensive wall, wall)
Damm, Deich (embankment, dike)
Kanal (canal)
Fluss/Staumauer/See (river/dam/lake)
Höhenlinie 100m/50m (contour line)
UTM-Gitter (in km; 2 km-Gitter) (UTM-grid)

5

Inhalt

Stadtpläne

Radfernweg Hamburg-Bremen

Der Radfernweg Hamburg-Bremen wurde bereits im Jahr 2005 eröffnet. Er ist als Verbindungsweg zwischen den beiden Städten angelegt und ermöglicht ebenfalls einen Anschluss zwischen den Radfernwegen entlang von Weser und Elbe. Der Radfernweg Hamburg-Bremen lässt sich in beide Richtungen gleichermaßen gut befahren. In diesem Buch ist die Route in der vorherrschenden Windrichtung von West nach Ost, also von Bremen nach Hamburg beschrieben. Wer in Hamburg starten will, findet zu jeder Karte einen detaillierten Routentext in die andere Richtung.

Der Radweg ist Teil der D 7-Route, die von Aachen über Köln, Düsseldorf, Münster, Bremen und Hamburg nach Flensburg verläuft. Außerdem ist er ein Abschnitt auf der Euro-Velo-Route 3, die als Pilgerweg von Santiago de Compostela bis nach Trondheim führt.

Haus in Fischerhude

Streckencharakteristik

Länge

Die Gesamtlänge des Hauptradweges beträgt **151 Kilometer**. Die Varianten und Ausflüge haben insgesamt eine Länge von 84 Kilometern.

Wegequalität & Verkehr

Der Radweg verläuft überwiegend auf asphaltierten ruhigen Straßen, separaten oder straßenbegleitenden Radwegen und Wirtschaftswegen. Die Wegequalität ist insgesamt gut. Unbefestigte Abschnitte und sandige Bereiche kommen nur selten vor. Die Verkehrsbelastung ist auf der Route zwischen den beiden Städten gering. Ausnahmen gibt es vor und nach Zeven und im Staatsforst Rosengarten in der Nähe von Hamburg, hier fahren Sie jeweils auf einem Radweg entlang einer etwas stärker befahrenen Straße. Im Stadtbereich Hamburgs müssen Sie mit einer recht starken Verkehrsbelastung rechnen, auch wenn Sie auf Radwegen radeln. Die Nutzung der S-Bahn ermöglicht eine Überbrückung der verkehrsreichsten Abschnitte.

Beschilderung

Die gesamte Route ist in beide Richtungen mit dem Logo des Radfernwegs markiert. Auch die offiziell zum

RADFERNWEG HH HB
Alternativ-Route

Radfernweg gehören-den Alternativ-Routen sind mit diesem Logo gekennzeichnet, erkennbar am Zusatz „Alternativ-Route". Das Logo ist meist in die radtouristische Zielwegweisung integriert.

In einigen Bereichen sind zusätzlich weitere regionale oder überregionale Routen ausgewiesen. Zum Beispiel verläuft der Radfernweg Hamburg–Bremen in Hamburg und auch südlich davon abschnittsweise auf gleicher Route mit dem Leine-Heide-Radweg. Da in Hamburg im Jahr 2014 die Fahrradwegwei-sung überarbeitet werden soll, wird es hier noch Routenänderungen bzw. Änderungen bei der Beschilderung geben. Nordöstlich von Bremen ist der Weg zum Teil identisch mit dem Wümme-Radweg und dem Lüneburger Heide-Radweg.

Die Qualität und Vollständigkeit der Beschilderung liegt nicht in unserem Bereich, Anregungen oder Beschwerden werden wir aber gern an die zuständigen Tourismusverbände und Kommunen weiterleiten.

Tourenplanung

Zentrale Infostellen

Arbeitsgemeinschaft Radfernweg Hamburg–Bremen, c/o Touristikverband Landkreis Rothenburg (Wümme) e. V., Am Pferdemarkt 1, 27356 Rotenburg (Wümme), ☎ 04261/81960, Fax: 04261/819620, www.radfernweg-hamburg-bremen.de

Hamburg Tourismus, Hauptbahnhof und St. Pauli Landungsbrücken, 20015 Hamburg, ☎ 040/30051701, www.hamburg-tourism.de

Bremer Touristik-Zentrale GmbH, Findorffstr. 105, 28215 Bremen, ☎ 0421/3080010 (€ 0,14/Min.), info@bremen-tourism.de, www.bremen-tourismus.de

An- und Abreise mit der Bahn

Hamburg und Bremen als Start- bzw. Zielpunkte des Radfernwegs sind bestens mit der Bahn zu erreichen, allerdings können bei vielen der (ICE-)Verbindungen keine Räder mitgenommen werden. Dennoch gibt es von

Radwegeschild in Sottorf

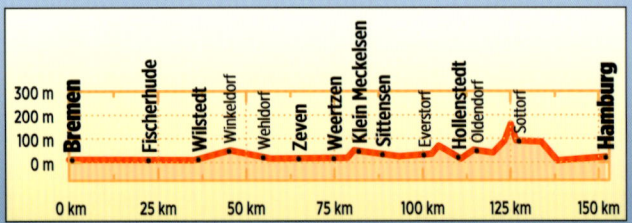

Rastplatz bei Quelkhorn

den meisten deutschen Großstädten täglich mindestens eine Direktverbindung oder eine Verbindung mit nur einmaligem Umsteigen, bei der eine Fahrradmitnahme möglich ist. Aufgrund der sich ständig ändernden Preise und Bedingungen für Fahrradtransport bzw. -mitnahme empfehlen wir Ihnen, sich bei nachfolgenden Infostellen über Ihre ganz persönliche Anreise mit der Bahn zu informieren.

Informationsstellen

Deutsche Bahn AG Radfahrer Hotline: ✆ 01805/996633 (€ 0,20 pro Anruf aus dem Festnetz, Tarif bei Mobilfunk max. 60 ct pro Anruf), Mo-So 8-20 Uhr, Auskünfte über Zug-verbindungen, zur Fahrradmitnahme, Fahrpreise im In- und Ausland, Buchung von Tickets und Reservierungen, www.bahn.de, www.bahn.de/bahnundbike

Automatische DB-Fahrplanauskunft: ✆ 0800/1507090 (gebührenfrei aus dem Festnetz)

metronom-Kundenzentrum, St.-Viti-Str. 15, 29525 Uelzen, ✆ 0581/97164-31 od. 32, Fax: 0581/97164-39, kundenzentrum@der-metronom.de, www.der-metronom.de

HVV – Hamburger Verkehrsverbund GmbH, Steindamm 94, 20099 Hamburg, ✆ 040/325775-0, Fax: 040/325775-820, info@hvv.de, www.hvv.de

VBN – Verkehrsverbund Bremen/Niedersachsen GmbH, Willy-Brandt-Platz 7, ✆ 0421/596059, www.vbn.de

ADFC, Allgemeiner Deutscher Fahrrad-Club e. V.: weitere Infos und aufgeschlüsselte Einzelverbindungen unter www.adfc.de/bahn

Haus in Ottersberg

Fahrradtransport

Hermes-Privat-Service (innerhalb Deutschlands), ✆ 0900/1311211 (€ 0,60/Min.), www.myhermes.de
Unter der Rubrik „Gepäck/Fahrrad versenden" am unteren Seitenrand erfahren Sie die aktuellen Preise und Modalitäten für den Fahrradversand.

An- und Abreise mit dem Auto
Hamburg ist über die A 1, A 7, A 23 und die A 24 zu erreichen. Bremen kann ebenfalls über die A 1 und außerdem über die A 27 angefahren werden.

9

In Hamburg stehen diverse Parkhäuser zur Verfügung, in Bahnhofsnähe befinden sich das Parkhaus Saturn und das Parkhaus am Hauptbahnhof. In Bremen kann das Parkhaus Hollerallee zum Abstellen des Autos genutzt werden, es befindet sich ebenfalls in Nähe des Bahnhofs. In der Innenstadt gibt es 5 weitere Parkhäuser.

Wer mit dem Auto anreist, der gelangt mit den Direktverbindungen der metronom Regio zwischen Hamburg und Bremen zum Startpunkt bzw. zum Ausgangspunkt der Radtour, s. Infostellen. Die Fahrzeit beträgt gut eine Stunde.

Rad und Bahn

Entlang der Route gibt es keine parallel verlaufende Bahnlinie. In Hamburg, Hamburg-Harburg, Bremen sowie auf der Variante in Ottersberg besteht jedoch Anschluss an den stündlich verkehrenden metronom Regio, der südlich der Route als Regionalbahn zwischen Hamburg und Bremen verkehrt.

Im Freilichtmuseum am Kiekeberg

Übernachtung

Entlang der Route gibt es vor allem in den Städten eine Vielzahl an Übernachtungsmöglichkeiten. In den Ferienzeiten und an den Wochenenden ist es dennoch empfehlenswert, die Unterkunft vorab zu reservieren. Wenn Sie einen Aufenthalt in Hamburg oder Bremen einplanen, sollten Sie in der Hauptreisezeit das Zimmer ebenfalls bereits vor der Reise buchen, um vor unliebsamen Überraschungen geschützt zu sein.

Bei unseren Recherchen haben wir eine größtmögliche Auswahl für Sie zusammengestellt. Für alle, die Alternativen oder einfach noch mehr Anbieter suchen, gibt es nachfolgende Internet-Adressen, die auch Beherbergungen der etwas anderen Art anbieten:

Der ADFC-Dachgeber funktioniert nach dem Gegenseitigkeitsprinzip: Hier bieten Radfreunde anderen Tourenradlern private Schlafplätze an. Mehr darüber unter www.dachgeber.de

Das **Deutsche Jugendherbergswerk** stellt sich unter www.djh.de mit seinen vierzehn Landesverbänden vor.

Auch die **Naturfreunde** bieten mit ihren **Naturfreundehäusern** eine Alternative zu anderen Beherbergungsarten an, mehr unter www.naturfreunde.de

Unter www.camping-in.de oder www.campingplatz.de finden Sie flächendeckend den **Campingplatz** nach Ihrem Geschmack.

Weiterhin bietet **Bett+Bike** unter www.bettundbike.de zusätzliche Informationen zu den beim ADFC gelisteten Beherbergungsbetrieben in ganz Deutschland.

Reisezeit

In Deutschland geht die Radsaison von Mai bis Oktober. Es spricht jedoch nichts dagegen, eine Radtour auf dem Radfernweg Hamburg–Bremen auch zu anderen Zeiten zu planen, wenn Sie eine dem Wetter angepasste Ausrüstung dabei haben. Von November bis April ist die Windwahrscheinlichkeit und auch die durchschnittliche Windgeschwindigkeit in dieser Region allerdings etwas höher als in der restlichen Zeit des Jahres. Für eine winterliche Radtour beachten Sie bitte, dass die meisten Radwege nicht von Schnee geräumt werden.

Mit Kindern unterwegs

Der Radfernweg ist von der Wegequalität und der Verkehrsdichte her insgesamt gut für das gemeinsame Radeln mit Kindern geeignet. Um die Radtour auch für Ihr Kind so angenehm wie möglich zu gestalten, sollte das Kinderfahrrad

mindestens der Qualität Ihres eigenen Fahrrades entsprechen. Das Tragen eines Helmes ist besonders anzuraten.

Für eine Radtour mit kleinen Kindern, die im Kinderanhänger mitfahren, ist der Radweg nicht geeignet, denn es gibt auf der gesamten Route immer wieder Abschnitte auf sehr schmalen Wegen oder auf naturbelassenen Wegen mit Mittelgrasnarbe.

Das Rad für die Tour

Sie können die Route mit jedem funktionstüchtigen Rad befahren, dennoch ist die Verwendung des Rennrades aufgrund der Anteile von unbefestigten und manchmal auch etwas sandigen Weg nicht zu empfehlen. Den besten Komfort bieten Reiseräder mit einer auf Ihre Körpergröße abgestimmten Rahmenhöhe. Diese Räder gewährleisten auch bei großer Beladung des Rades einen ruhigen Lauf und sind mit sehr guten Bremsen, einer Schaltung mit großem Übersetzungsbereich und stabilen Gepäckträgern vorne und hinten zur gleichmäßigeren Gewichtsverteilung ausgestattet.

Auch ein stabiler Fahrradständer ist wichtig, vor allem wenn Sie Gepäck auf dem Fahrrad mitführen. Für einen unbeschwerten Radurlaub sollte auf jeden Fall ein Fahrradcheck vor der Tour erfolgen.

Versuchen Sie, vor der Abreise eine bequeme Sitzposition auf Ihrem Rad zu finden, wobei Sie dem Sattel besonderes Augenmerk schenken sollten. Bei richtiger Sattelneigung und Sitzposition können schmerzvolle Erfahrungen vermieden werden.

Sie sollten die Bereifung der Tour entsprechend anpassen. Je mehr unbefestigte Wege zu bewältigen sind, desto breiter und profilstärker sollte die Bereifung ausfallen. Viele asphaltierte Strecken erlauben hingegen auch schmalere Reifen. Hinweise zur Oberfläche der Wege und zu den Steigungen finden Sie in diesem *bikeline*-Radtourenbuch in der Einleitung und auf den Abschnittsseiten.

Auch einen Kartenhalter oder eine Lenkertasche werden Sie auf Ihrer Tour sehr gut brauchen können. Wasserdichte und somit auch staubdichte Hinterradtaschen mit einem unkomplizierten Befestigungssystem erweisen sich bei längerer Fahrt als zweckmäßig. Achten Sie auch auf genügend Möglichkeiten, Trinkflaschen an Ihrem Rad zu befestigen.

Und da selbst das beste Fahrrad vor Pannen nicht gefeit ist, empfiehlt es sich, immer eine kleine Fahrradapotheke mitzuführen. Eine Grundausstattung an Werkzeug und Zubehör sollte folgende Teile beinhalten: Ersatzschlauch und/oder Flickzeug, Kompaktwerkzeug, Luftpumpe, Brems- und Schaltseil, Öl, Ersatzkettenniete und einen Putzlappen. Details zu all diesen Fragen klären Sie am besten mit Ihrem Fahrradhändler und überlassen den Service im Zweifelsfall dem Profi.

Bekleidung

Für eine gelungene Radtour ist die Bekleidung ein wichtiger Faktor. Der Markt für Outdoorbekleidung aus verschiedensten Materialien ist mittlerweile unübersehbar, deswegen hier nur einige Grundregeln.

In erster Linie gilt das „Zwiebelprinzip": Mehrere Schichten erfüllen verschiedene Funktionen und lassen sich separat tragen und vielfältig kombinieren. Die unterste Schicht soll Schweiß vom Körper weg führen, darüber folgen bei Bedarf eine wärmende Schicht und zuletzt die äußerste Hülle, die Wind und Regen abhalten, trotzdem aber dampfdurchlässig sein soll.

Als Materialien kommen entweder Kunstfasern (leicht, wenig Feuchtigkeitsaufnahme) oder hochwertige Wolle (etwas schwerer, wärmt aber auch im nassen Zustand und nimmt kaum Geruch an) in Frage. Baumwolle ist als Sportbekleidung weniger geeignet (nimmt viel Feuchtigkeit auf und braucht sehr lange zum Trocknen).

Nicht sparen sollte man bei der Radhose, ein gutes Sitzpolster ist hier entscheidend.

Radreiseveranstalter

Arbeitsgemeinschaft Radfernweg Hamburg–Bremen, Am Pferdemarkt 1, D-27356 Rotenburg (Wümme), ☎ 04261/81960, Fax: 04261/819620, info@radfernweg-hamburg-bremen.de, www.radfernweg-hamburg-bremen.de

Zu diesem Buch

Dieser Radreiseführer enthält alle Informationen, die Sie für den Radurlaub auf dem Radfernweg Hamburg–Bremen benötigen: Exakte Karten, eine detaillierte Streckenbeschreibung, ein ausführliches Übernachtungsverzeichnis, Stadt- und Ortspläne und die wichtigsten Informationen zu touristischen Attraktionen und Sehenswürdigkeiten.

Und das alles mit der *bikeline*-Garantie: die Routen in unseren Büchern sind von unserem professionellen Redaktionsteam vor Ort auf ihre Fahrradtauglichkeit geprüft worden. Um höchste Aktualität zu gewährleisten, nehmen wir nach der Befahrung Korrekturen von Lesern bzw. offiziellen Stellen bis Redaktionsschluss entgegen, die dann jedoch teilweise nicht mehr an Ort und Stelle verifiziert werden können.

Die Radtour ist nicht in Tagesetappen, sondern in logische Abschnitte aufgeteilt, weil die Tagesleistung zu sehr davon abhängt, wie sportlich oder genussvoll Sie die Strecke in Angriff nehmen möchten.

Die Karten

Die Detailkarten sind im Maßstab 1 : 50.000 erstellt. Dies bedeutet, dass 1 Zentimeter auf der Karte einer Strecke von 500 Metern in der Natur entspricht. Zusätzlich zum genauen Routenverlauf informieren die Karten auch über die Beschaffenheit des Bodenbelages (befestigt oder unbefestigt), Steigungen (leicht oder stark), Entfernungen sowie über kulturelle, touristische und gastronomische Einrichtungen entlang der Strecke.

Allerdings können selbst die genauesten Karten den Blick auf die Wegbeschreibung nicht ersetzen. Komplizierte Stellen werden in der Karte mit diesem Symbol ⚠ gekennzeichnet, im Text finden Sie das gleiche Zeichen zur Markierung der betreffenden Stelle wieder. Beachten Sie, dass die empfohlene Hauptroute immer in Rot und Violett, Varianten und Ausflüge hingegen in Orange dargestellt sind. Die genaue Bedeutung der einzelnen Symbole wird in der Legende auf den Seiten 4 und 5 erläutert.

Höhen- und Streckenprofil

Das in der Einleitung dargestellte Höhen- und Streckenprofil gibt Ihnen einen grafischen Überblick über die Steigungsverhältnisse, die Länge und die wichtigsten Orte entlang der Radroute. Zusätzlich wird am Beginn jedes Streckenabschnitts ein detaillierteres Höhen- und Streckenprofil gezeigt, in dem über die Wegpunkte eine Zuordnung zu Karte und Text möglich ist.

Es können in dem Überblick nur die markantesten Höhenunterschiede dargestellt werden, jede einzelne kleinere Steigung wird in dieser grafischen Darstellung nicht berücksichtigt. Die Steigungs- und Gefälleverhältnisse entlang der Route finden Sie im Detail mit Hilfe der Steigungspfeile in den genauen Karten.

Hikeline
Wanderführer

Die neue Wanderführer - Serie

Jetzt wasserfest und GPS-Track Download

wasserfest

Alle Hikeline-Wanderführer werden auf hochwertigem Synthetikpapier gedruckt, welches nicht nur reißfest und besonders leicht, sondern auch komplett wasserfest ist. Dadurch lassen sich die Bücher bequem in der Jackentasche tragen und auch bei Regen problemlos verwenden. Wenn das Buch stark durchnässt wurde, lassen Sie es einfach mit aufgefächerten Seiten trocknen.

- wasserfest und reißfest
- GPS-Tracks zum Download
- kompaktes und handliches Format (10,5 x 16 cm)
- geschützte Spiralbindung
- klare, leicht lesbare Landkarten
- optimaler Wandermaßstab mit UTM-Netz
- detaillierte Darstellung der Wegekategorien
- Wegpunkte verknüpfen Karte und Text
- genaue Wegbeschreibungen
- prägnante Informationen zu Orten
  und Sehenswürdigkeiten
- zahlreiche Zentrums- und Ortspläne
- Höhenprofile zu jeder Tour
- umfassendes Übernachtungsverzeichnis bei Fernwegen
- gründlich recherchiert und laufend aktualisiert

GPS-Tracks zum Download

Mit dem Kauf eines Buches, das mit dem Logo "GPS-Tracks" auf dem Cover gekennzeichnet ist, erhalten Sie einen Registrierungscode, wie Sie an folgendem Beispiel sehen:

Die GPS-Tracks zu diesem Buch erhalten Sie nach Registrierung im Internet unter: www.esterbauer.com

Produktcode: 123-wIsC-h999

Den eingedruckten Produktcode können Sie unter www.esterbauer.com eintragen. Registrierte Benutzer erhalten darauf hin per eMail einen Link, mit dem der Download des betreffenden GPS-Tracks gestartet werden kann.

Über 80 Titel zu den schönsten Wanderregionen und Fernwanderwegen finden Sie unter:

www.hikeline.com

Verlag Esterbauer GmbH, A-3751 Rodingersdorf, Hauptstr. 31, Tel: (+43) 2983/28982-0, Fax: -500, E-mail: hikeline@esterbauer.com

Der Text

Der Textteil besteht im Wesentlichen aus der genauen Streckenbeschreibung, welche die empfohlene Hauptroute enthält. Stichwortartige Streckeninformationen werden von dem Zeichen ⌇ begleitet. Manche besonders markante oder wichtige Punkte auf der Strecke sind als Wegpunkte **1**, **2**, **3**, ... durchnummeriert und – zur besseren Orientierung – mit demselben Symbol in den Karten wieder zu finden. Unterbrochen wird dieser Text gegebenenfalls durch orangefarbige Absätze, die Varianten und Ausflüge behandeln.

Ferner sind alle wichtigen **Orte** zur besseren Orientierung aus dem Text hervorgehoben. Gibt es interessante Sehenswürdigkeiten in einem Ort, so finden Sie unter dem Ortsbalken die jeweiligen Adressen, Telefonnummern und Öffnungszeiten.

Die Beschreibung der einzelnen Orte sowie historisch, kulturell oder naturkundlich interessanter Gegebenheiten entlang der Route trägt zu einem abgerundeten Reiseerlebnis bei. Diese Textblöcke sind kursiv gesetzt und unterscheiden sich dadurch auch optisch von der Streckenbeschreibung.

TIPP Textabschnitte in Violett heben Stellen hervor, an denen Sie Entscheidungen über Ihre weitere Fahrstrecke treffen müssen, z. B. wenn die Streckenführung von der Wegweisung abweicht oder mehrere Varianten zur Auswahl stehen u. ä.

AUSFLUG Sie weisen auch auf Ausflugstipps, interessante Sehenswürdigkeiten oder Freizeitaktivitäten etwas abseits der Route hin.

Übernachtungsverzeichnis

Auf den letzten Seiten dieses Radtourenbuches finden Sie zu fast allen Orten entlang der Strecke eine Vielzahl von Übernachtungsmöglichkeiten vom einfachen Zeltplatz bis zum 5-Sterne-Hotel.

Von Bremen nach Sittensen

Auf der ersten Etappe fahren Sie vom Bahnhof der lebendigen Hansestadt auf ruhigen Wegen durch den Bürgerpark, schon sind Sie mitten im Grünen. Sie erreichen das Flüsschen Wümme, dem Sie 15 Kilometer folgen werden. Abseits der Route lockt ein Ausflug ins Teufelsmoor zum Künstlerdorf Worpswede. Hinter Fischerhude verlassen Sie die Wümmeniederung mit den weiten Feuchtwiesen. Nun radeln Sie zwischen Feldern, streifen immer wieder kleine Ortschaften und erreichen in Zeven die erste größere Stadt auf Ihrer Route – mit dem Kloster, dem Feuerwehrmuseum und den vielen Kunstobjekten ist der Ort bestens für eine längere Rast geeignet. Vorbei an dem idyllischen Kuhmühlen kommen Sie nach Sittensen, wo im alten Ortszentrum die Kirche, die historische Wassermühle mit dem Handwerkermuseum und der Mühlenteich ein hübsches Ensemble bilden.

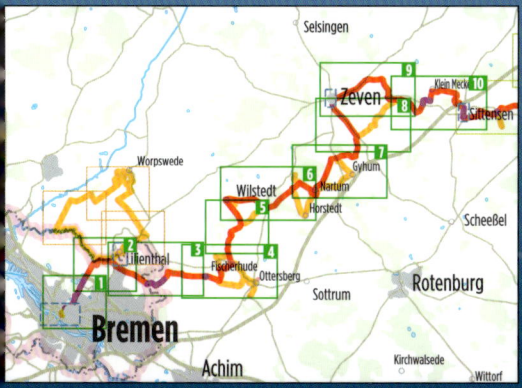

Die Route verläuft fast durchgehend auf asphaltierten ruhigen Straßen oder Radwegen, nur kurze Abschnitte sind unbefestigt. Vor und nach Zeven fahren Sie auf einem straßenbegleitenden Radweg entlang einer etwas stärker befahrenen Straße. Es gibt keine nennenswerten Steigungen.

17

Marktplatz in Bremen

Bremen

PLZ: 28215 195; Vorwahl: 0421

ℹ️ **Bremer Touristik-Zentrale**, Findorffstr. 105, ✆ 3080010, www.bremen-tourismus.de

ℹ️ **Service-Hotline der Bremer Touristik-Zentrale** zur Buchung radlerfreundlicher Unterkünfte in Bremen und Umgebung, ✆ 0421/3080010

⛴ **Hal över - Schreiber Reederei**, Schlachte 2, ✆ 321229 od. 338989

⛴ **FBS – Fähren Bremen-Stedingen GmbH**, Rönnebecker Str. 11, ✆ 690369

🏛 **Bremer Landesmuseum (Focke-Museum)**, Schwachhauser Heerstr. 240, ✆ 6996000, ÖZ: Di 10-21 Uhr, Mi-So 10-17 Uhr. Anschauliche Dokumentationen zur Geschichte der Stadt Bremen von der Ur- und Frühzeit bis zum 20. Jh., Kunst- und Handwerksstücke sowie bürgerliche Kultur.

🏛 **Dom-Museum Bremen**, Sandstr. 10-12, im St.-Petri-Dom, ✆ 3347142, ÖZ: Mo-Fr 10-16.45 Uhr, Sa 10-13.30 Uhr, So 14-16.45 Uhr. Neben einer Fotodokumentation zur 900-jährigen Baugeschichte des Domes sind Wandmalereien aus dem Mittelalter zu sehen. Außerdem werden Funde aus mittelalterlichen Bischofsgräbern ausgestellt.

🏛 **Kunsthalle Bremen**, Am Wall 207, ✆ 329080, ÖZ: Di 10-21 Uhr, Mi-So 10-17 Uhr. Gemälde- und Plastiksammlung mit Werken aus dem 14.-21. Jh., Kupferstichkabinett und Druckgrafik des 19. Jhs., Mitmachmuseum.

🏛 **Überseemuseum**, Bahnhofspl. 13, ✆ 16038101, ÖZ: Di-Fr 9-18 Uhr, Sa, So 10-18 Uhr. Lebendig und anschaulich werden die Geschichte der Kulturen in Übersee anhand natur-, völker- und landeskundlicher Sammlungen dargestellt sowie aktuelle Probleme im ökologischen Bereich und hinsichtlich der Verflechtungen zwischen der sogenannten dritten Welt und den Industrieländern aufgezeigt.

🏛 **Antikenmuseum im Schnoor**, Marterburg 55-58, ✆ 6393540, ÖZ: Sa 12-17 Uhr. Die Ausstellung griechischer Vasenkunst zeigt vor allem Wein- und Ölgefäße aus der Zeit zwischen 560 und 350 v. Chr. aus der Sammlung Zimmermann.

Bremer Stadtmusikanten

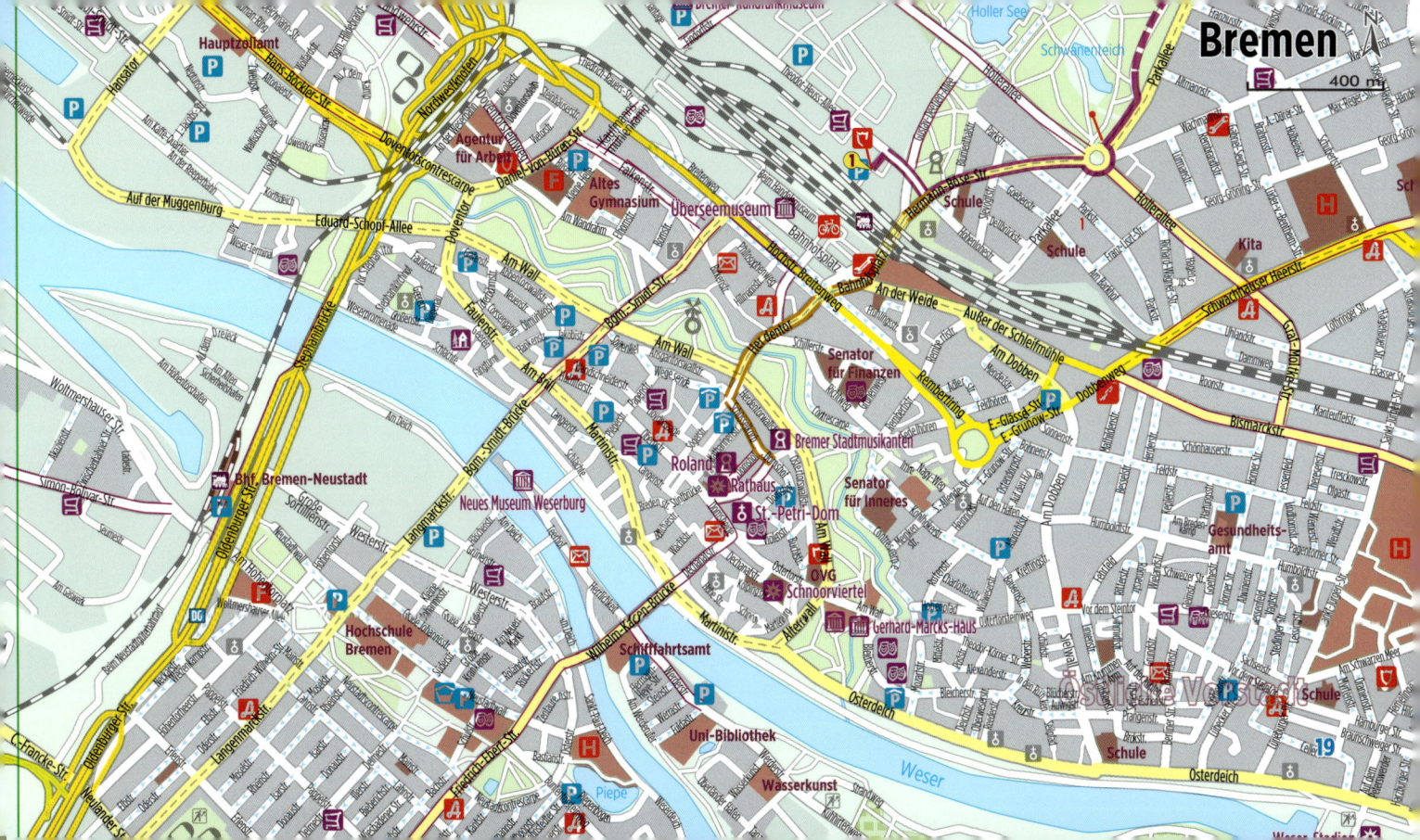

Der Schnoor – das älteste Viertel Bremens

🏛 **Gerhard-Marcks-Haus,** Am Wall 208, 📞 9897520, ÖZ: Di-So 10-18 Uhr, Do bis 21 Uhr. Ausstellung der Werke des zeitgenössischen (1889-1981) deutschen Bildhauers und Graphikers Gerhard Marcks, dem Künstler der „Bremer Stadtmusikanten".

🏛 **Weserburg – Museum für moderne Kunst,** Teerhof 20, 📞 598390, ÖZ: Di-So 11-18 Uhr, Do bis 20 Uhr. In einem ehemaligen Lagergebäude wird zeitgenössische Kunst der letzten 40 Jahre von Künstlern wie Beuys, Darboven, Kienholz, Serra u. a. ausgestellt.

🏛 **Bremer Geschichtenhaus,** Wüstestätte 10, 📞 3362651, ÖZ: Mo 12-18 Uhr, Di-So 11-18 Uhr. Darsteller in historischen Kostümen führen Sie durch die Geschichte der Stadt.

🏛 **Bremer Rundfunkmuseum,** Findorffstr. 22-24, 📞 357406, ÖZ: Di-Fr 10-15 Uhr, So 10-15 Uhr. Umfassende Ausstellungen zur Technik- und Mediengeschichte.

🏛 **Universum Bremen,** Wiener Str. 1a, 📞 33460, ÖZ: Mo-Fr 9-18 Uhr, Sa, So/Fei 10-18 Uhr. „Hingehen-Staunen-Entdecken": So ermöglicht das Universum spielerischen Zugang zur Wissenschaft. In einem spektakulären Gebäude mit mehr als 250 interaktiven Exponaten wird man zum Entdecker von Mensch, Erde und Kosmos.

🏛 **Spicarium,** Zum Alten Speicher 5a, 📞 89776640, Di-So 10-17 Uhr. Erlebnisausstellung zu den Themen Schiffbau und Schifffahrt.

⛪ **St.-Petri-Dom,** Sandstr. 10-12, ÖZ: Mo-Fr 10-17 Uhr, Sa 10-14 Uhr, So/Fei 14-17 Uhr. Der Dom besteht seit dem 11. Jh.; seit dem 13. Jh. trägt er gotische Züge. Besonders sehenswert sind die West- und Ostkrypta sowie der Bleikeller, in dem Mumien zu besichtigen sind.

⛪ **Liebfrauenkirche** (Anf. des 13. Jh.), Unser-Lieben-Frauen-Kirchhof 27, ÖZ: Mo-Sa 11-16 Uhr, So 11.45-13 Uhr. Die neben dem Rathaus stehende frühgotische Hallenkirche brannte im Zweiten Weltkrieg aus und erhielt nach dem Wiederaufbau eine neue Innenausstattung. Beeindruckend sind die prunkvollen farbigen Fenster von Alfred Manessier.

⛪ **St.-Martini-Kirche,** Martinikirchhof 3, ÖZ: Mai-Okt., Mo-Sa 10.30-12.30 Uhr u. 15-17 Uhr, Dez., Mo-Sa 15-17 Uhr. Der gotische Backsteinbau wurde im Jahre 1229 gegründet und gehört somit zu den ältesten Kirchen der Stadt.

✹ Das **Rathaus** wurde zu Beginn des 15. Jhs. im gotischen Stil errichtet und im 17. Jh. im Stil der Weser-Renaissance umgestaltet. Sehenswert ist vor allem die Innenausstattung (Führungen). Seit 2004 zählt das Rathaus zum UNESCO-Weltkulturerbe.

✹ Der **Ratskeller** hat eine lange Geschichte als Weinkeller. Erste urkundliche Benennungen eines Stadtweinkellers stammen aus dem Jahr 1342. Heute sind im Ratskeller die ältesten Weine Deutschlands zu finden und die Weinkarte enthält ca. 600 Sorten und Lagen, sie ist damit die größte Weinkarte Deutschlands.

Bremen , Rhododendronpark

🔲 **Roland** (UNESCO-Welterbe). Im Jahr 1404 entstand die 5,5 m hohe steinerne Statue als Symbol für Recht und Freiheit und ist heute das Wahrzeichen der Stadt.

🔲 Die **Bremer Stadtmusikanten** befinden sich an der Westseite des Rathauses. Die Bronzeplastik von Gerhard Marcks wurde nach Anregung des Märchens der Gebrüder Grimm geschaffen.

✳ **Böttcherstraße.** Die kleine Fußgängergasse wurde Anfang des letzten Jahrhunderts von dem Kaffeekaufmann Ludwig Roselius zu einem Kulturzentrum umgebaut: Hier sind das **Paula Modersohn-Becker Museum**, das **Roselius-Haus**, Kunsthandwerker, Restaurants und das Glockenspiel am St.-Petrus-Platz zu entdecken.

✳ **Schnoorviertel.** Eines der ältesten und noch dazu das einzige noch zusammenhängende Stadtviertel Bremens mit Häusern aus dem 15. und 16. Jh.

✳ **Weserpromenade Schlachte.** Direkt in der Stadt am Ufer des Flusses lädt die Promenade zum Flanieren ein. Außerdem werden täglich Weserfahrten auf historischen und modernen Schiffen angeboten. Im Sommer finden jeden Samstag Märkte statt: Kajenmarkt (Mai-Sept., Sa 10-16 Uhr), Antik- und Trödelmarkt (ganzjährig Sa 8-14 Uhr).

✳ **Blumenmarkt.** Ein farbenprächtiger Markt zum Schnuppern, Schauen und Kaufen rund um die Liebfrauenkirche.

Bremen, Theaterschiff auf der Weser

✳ **Stadtrundgang,** Treffpunkt: Tourist-Information Obernstr./Liebfrauenkirchhof, Nov.-März, tägl. 14 Uhr, April-Okt., tägl. 11 u. 14 Uhr. Die Stadtführung dauert ca. 2 St.

✳ **Torfkähne Bremen,** Stavendamm 8, ✆ 35099-80. Mit den schwarzen Torfkähnen werden Touren in die Moor- und Feuchgebiete nördlich von Bremen angeboten.

✳ **Moorexpress,** ✆ 409170, Abfahrt: Bremen Hbf, Mai-Okt., Sa, So/Fei 9.08 Uhr, 12.08 Uhr, 16.08 Uhr, 19.08 Uhr. Der Moorexpress bringt Sie durch das Teufelsmoor von Bremen bis nach Stade und zurück. Die Fahrradmitnahme ist möglich, sollte jedoch im Vorhinein angemeldet werden.

🔩 **Fallturm Bremen.** Der 146 m hohe Turm birgt eine 110 m lange Röhre, in der kurzzeitige Experimente in Schwerelosigkeit durchgeführt werden.

✳ **botanika – das grüne Science Center,** Deliusstr. 40, ✆ 2770044, Kontakt am WE ✆ 42706665, ÖZ: Mo-Fr 9-18 Uhr, Sa, So/Fei 10-18 Uhr. Interaktives Entdeckerzentrum für alle Sinne. Im Schauhaus kann man darüber hinaus in die naturgetreuen Welten Himalaya, Borneo und Japan und die Kultur Asiens eintauchen.

♻ **Rhododendron-Park,** ÖZ: Freiland 7.30 Uhr bis Sonnenuntergang. Größte und umfassendste Sammlung von Rhododendronarten und -sorten in ganz Europa, besonders sehenswert natürlich zur Hauptblütezeit im Mai.

🚲 **Radstation & ADFC radort,** Hauptbahnhof, ✆ 1783361. Die Radstation und ein Fahrradparkhaus sind rund um die Uhr geöffnet! ÖZ: Werkstatt: Mo-Fr 8-20 Uhr, Sa 9-20 Uhr. ADFC: Mo-Fr 10-18 Uhr, Sa 10-14 Uhr.

🚲 **Radschlag,** Humboldtstr. 16, ✆ 704105

🚲 **Camping Stadtwaldsee,** Hochschulring 1, ✆ 8410749, mit E-Bike-Verleih u. Akkuwechselstation

🚲 **Hal över,** Schlachte 2, ✆ 338989, mit E-Bike-Verleih

🚲 **eMobility nord,** Am Kaffee-Quartier 3, ✆ 460290, mit E-Bike-Verleih und Akkuwechselstation

🚲 **Speiche Fahrradhandels GmbH,** Fehlfeld 62, ✆ 700331

✒ **Velo-Sport**, Martinistr. 30-32, ☎ 18260 (Schwerpunkt Rennräder)

✒ **2-Radscheune**, Dobbenweg 9, ☎ 1727234

Im 8. Jahrhundert wird die Hansestadt Bremen erstmals urkundlich unter dem Namen „Bremun", was so viel heißt wie „Am Rande", erwähnt. Auf einem Dünenzug nahe einer Fischersiedlung entstand die Siedlung, die schon 785 von Karl dem Großen zum Bischofssitz erhoben wurde. Auf der höchsten Erhebung wurde ein anfangs hölzerner Dom errichtet, der später durch einen steinernen Bau ersetzt wurde.

Bald schon entwickelte sich Bremen zu einer florierenden Stadt. Es entstand hier ein wichtiger Umschlagplatz für Waren, die auf dem Wasserweg ins Ausland gebracht wurden. Bremen hatte neben Hamburg eine Schlüsselposition in Sachen Außenhandel inne. Hiervon zeugen prachtvolle Gebäude wie das Rathaus, der Schütting und der Dom. Auch in Bremen gab es Machtkämpfe zwischen der Geistlichkeit und den Bürgern, wobei sich letztere ihre Freiheiten immer bewahren und stärken konnten. Als Zeichen der bürgerlichen

Bremen

Freiheit steht der Roland noch heute auf dem Marktplatz und hat dabei provokativ den Blick gen Dom gerichtet, was sich vor allem an die Bischöfe richtete.

Doch nicht nur der Roland war ein Wahrzeichen des Bürgertums. Mit dem Bau des Rathauses zu Beginn des 15. Jahrhunderts, der an Größe und Pracht dem erzbischöflichen Palast in nichts nachstand, bewies es auch seinen Reichtum. Der bürgerlichen Macht konnten sich die Bischöfe kaum erwehren, da half auch der wuchtige Dom wenig. Die Kaufleute schafften es bald, sich von den Abgabepflichten an die Kirche zu befreien, und auch die Rechtssprechung wurde

den Bischöfen aus der Hand genommen. Diese verweilten, ob dieses schweren Standes, meist außerhalb der Stadtmauern.

Seit Beginn des 16. Jahrhunderts hatten es die Erzbischöfe immer schwerer, sich zu behaupten, nachdem die Lehren Luthers begannen, sich mehr und mehr auszubreiten. Der letzte Bremer Erzbischof verließ 1648 die Stadt.

Nicht nur Bürgertum und Religion haben die Stadt an der Weser nachhaltig geprägt, ebenso der Hafen, die Schifffahrt und natürlich der Fluss selbst.

Die Weser hat den Bremern in ihrer langen Geschichte Wohlstand und Reichtum gebracht, doch schon im 19. Jahrhundert machten sich die Eingriffe des Menschen in deren Naturhaushalt bemerkbar. Besonders in Bremen bekamen die Menschen das zu spüren, als im Jahr 1877 nur noch jedes dritte für die Stadt bestimmte Schiff den dortigen Hafen anlaufen konnte. Grund dafür war die starke Versandung, die nach der Abholzung der einstmals bewaldeten Weserufer auf dem Vormarsch war.

Das führte dazu, dass einerseits die Stadt Bremerhaven an der Wesermündung gegründet wurde, andererseits war die sogenannte Weserkorrektion nötig geworden. Die Weser wurde zu einem trichterförmigen Kanal umgebaut, damit auch Schiffe mit wenigstens bis zu 5 Metern Tiefgang nach Bremen gelangen konnten. Den Bau konnte die Stadt jedoch nicht ohne fremde Hilfe finanzieren und war somit auf Gelder des Reiches angewiesen. Daraufhin waren die Bremer gezwungen, ihre hart umkämpfte Position, nicht dem deutschen Zollgebiet beizutreten, aufzugeben.

Auch heute noch kommt Bremen, als zweitgrößtem deutschen Nordseehafen, große Bedeutung in Schifffahrt und Überseehandel zu. In der alten Hansestadt leben und wirken zur Zeit um die 550.000 Menschen, und sie bildet gemeinsam mit Bremerhaven das kleinste Bundesland Deutschlands.

Das Buntentorviertel

Dies war einst ein Arbeiterviertel, in dem hauptsächlich Zigarrenmacher mehr schlecht als recht ihre Unterkunft fanden. Der Name stammt vom Bunten Tor, einem der wichtigsten Stadttore Bremens. Der heutige Buntentorsteinweg war einstmals eine vielbefahrene Fernstraße über Brinkum nach Süden. Im 19. Jahrhundert wurde das Tor wegen einer Straßenerweiterung leider abgerissen, geblieben ist damals nur ein sogenanntes „Zolletablissement", an dem alle Waren verzollt werden mussten. Dieser innerdeutsche Zoll brachte für die Stadt Bremen viele Nachteile mit sich, den Buntentorern erwuchs jedoch durch diese Regelungen eine weitere, äußerst ertragreiche Erwerbsquelle: der Schmuggel. Dieser florierte im 19. Jahr-

Laubengang im Bürgerpark, Bremen

hundert in besonderem Maße, beliebtes Gut war der Tabak. Das Buntentor war deshalb in Bremen als „de Schapstall" bekannt; Klein und Groß verstand es, dort mit unschuldigster Miene die begehrten Waren zollfrei in die Altstadt zu verfrachten.

Nachdem die Vorstädte ans Stadtgebiet von Bremen angeschlossen worden waren, galt das Buntentorviertel für Exporte aus Bremen trotzdem immer noch als Zollausland. Waren aus Übersee, meist Tabak und Kaffee, wurden nun mit Vorliebe aus Bremen hinausgeschmuggelt. Schmuggeln war schon bald eine Art Volkssport für die Buntentorer; Männer, Frauen und Kinder beteiligten sich daran. Besonders Frauen hatten bis Mitte des 19. Jahrhunderts aufgrund ihrer weiten bauschigen Reifröcke einen Schmuggelvorteil. Hier waren endlich einmal die Männer benachteiligt, die sich den Tabak um die Beine binden mussten. Da sich, so man nicht aufpasste, die Beine dabei gelb verfärbten, hatten die Buntentorer bald den Spitznamen „Geelbeene". 1888 erfolgte der Anschluss Bremens an das deutsche Zollgebiet, **23**

Landhaus Kuhsiel

und die Einwohner des Buntentorer Stadt-
viertels mussten somit auf diese bedeutende
Einnahmequelle verzichten.

INS ZENTRUM Die Innenstadt Bremens ist etwa 1 km vom
Bahnhof entfernt. Sie gelangen vom süd-
lichen Empfangsgebäude über den Bahnhofsplatz und den Herdertorsteinweg zu den
Wallanlagen und geradeaus weiter ins historische Zentrum der Stadt.

Von Bremen nach Borgfeld   9,5 km

1 Sie starten Ihre Radtour am **Willy-Brandt-
Platz** auf der nördlichen Rückseite des Bremer
Hauptbahnhofs ～ an der **Theodor-Heuss-**

Allee sehen Sie bereits die erste Markierung
des Radwegs, die Sie nach rechts in Richtung
Lilienthal weist ～ an der Ampelkreuzung geradeaus über die Straße und am Denkmal vorbei,
dieser gigantische Elefant aus Ziegelsteinen
ist ein Antikolonialdenkmal ～ an der nächsten
Ampelkreuzung die Straße queren und links
auf dem Radweg entlang der **Hermann-Böse-
Straße** weiter ～ am Kreisverkehr fahren Sie
fast eine Runde herum und dann auf dem
Radweg nach rechts in den Park ～ kurz danach links auf den Asphaltweg, der in einen
unbefestigten Weg übergeht ～ Sie folgen nun
dem breiten Weg immer geradeaus durch den
Bürgerpark ～ nach dem größeren Querweg
kommen Sie vorbei am Laubengang, den Sie
links auf der anderen Seite des Wassers sehen
～ bald danach über eine kleine Brücke ～ an
dem Asphaltsträßchen nach rechts ～ hinter der nächsten Brücke geradeaus auf den
breiten gesandeten Weg ～ **2** 300 m danach
– etwas weiter vorn ist bereits das Restaurant
Waldbühne zu sehen – weist die Beschilderung
nach rechts auf den etwas schmaleren Weg.

VARIANTE Das Restaurant Waldbühne ist schön anzu-
sehen. Auch wenn Sie jetzt noch keine Rast
einlegen wollen, es lohnt sich, eine kleine
Runde um die beliebte Gartenwirtschaft zu
drehen.

Waldbühne

Waldbühne im Bürgerpark Bremen, ☎ 0421/217415, ÖZ: April-
Okt., Mo-Fr ab 12 Uhr, Sa ab 11 Uhr, So ab 10 Uhr. Das 1890 errich-
tete Gebäude war ursprünglich ein Ausstellungspavillon einer
Bremer Zigarrenfirma und gleich danach als Restaurant genutzt.
Heute finden regelmäßig Konzerte in der Waldbühne statt.
Beliebt und gut besucht sind im Sommer die sonntäglichen
Frühschoppenkonzerte.

An der Wümme

AndersRum (Karte 1): **3** Auf der Brücke über die Autobahn am Restaurant **Platzhirsch** vorbei und geradeaus über die Straße ⌁ auch die nächste Straße queren, hier endet der Kuhgraben ⌁ bald auf dem Radweg neben der Straße weiter ⌁ 100 m hinter der Bahnbrücke nach rechts auf den Parkweg, Sie nehmen den linken der beiden Wege ⌁ **2** geradeaus auf den breiteren Weg, die nächsten 2 km fahren Sie nun durch den **Bürgerpark** von Bremen ⌁ nach 270 m geht es vom gesandeten Weg geradeaus auf die Asphaltstraße und über die Brücke ⌁ von der Straße wieder nach links auf den breiten Parkweg abzweigen ⌁ am Wasser entlang, auf der gegenüberliegenden Seite können Sie bald den Laubengang sehen ⌁ geradeaus über den Querweg ⌁ fast am Ende des Parks geht der Weg in einen Asphaltweg über, diesem folgen Sie bis zum Kreisverkehr ⌁ am Kreisverkehr in die zweite Straße nach rechts und auf dem Radweg entlang der **Hermann-Böse-Straße** ⌁ am nächsten Park rechts abzweigen und am Denkmal vorbei, dieser gigantische Elefant aus Ziegelsteinen ist ein Antikolonialdenkmal ⌁ geradeaus über die Ampelkreuzung zum Bahnhof, den Sie links über den Bahnhofsvorplatz erreichen.

Hier an der nördlichen Rückseite des Bremer Hauptbahnhofs endet die Tour.

Bremen

An der Straße nach links, Sie bleiben auf der linken Seite der Straße ～ im Rechtsbogen der Straße auf dem Radweg geradeaus weiter ～ über eine Brücke und geradeaus über die Straße in den **Kuhgrabenweg**, an dieser Stelle weist die Radwegebeschilderung Richtung Hamburg, das 147 km entfernt ist.

Kuhgraben

Der 3,2 Kilometer lange Kuhgraben wurde als Entwässerungsgraben zur landwirtschaftlichen Erschließung der Wümmeniederung angelegt. Bis 1850 führte der Graben in das Stadtzentrum von Bremen. Der Kanal diente

Reetgedecktes Haus bei Borgfeld

als Transportweg, auf dem Torf als Brennstoff in die Stadt gebracht wurde.

Schnurgerade fahren Sie am Kuhgraben entlang ～ geradeaus in die Anliegerstraße und am **Restaurant Platzhirsch** vorbei ～ **3** auf der Brücke über die Autobahn ～ links blitzt das Wasser des Kuhgrabensees durch die Bäume hindurch ～ am Ende des Sees können Sie links von der Aussichtshütte einen Blick über den See und auf das Naturschutzgebiet genießen.

Naturschutzgebiet Kuhgrabensee

Der Kuhgrabensee ist ein Baggersee, der im Zusammenhang mit dem Bau der Autobahn A 27 entstanden ist. Als europäisches Vogelschutzgebiet ist der See und der Uferbereich mit einer Gesamtfläche von fast 20 Hektar seit 1987 unter Naturschutz gestellt.

Sie radeln weitere 1,5 km entlang des Kuhgrabens und erreichen die **Schleuse Kuhsiel**.

Kuhsielschleuse

4 Am **Landhaus Kuhsiel** nach rechts ～ hinter dem Hofladen in den ersten Abzweig nach links ～ Sie folgen dem kurvigen Deichweg an der **Wümme** entlang nach Borgfeld ～ 270 m

nach dem **Landgasthof Heuer** fahren Sie über eine Wegkreuzung geradeaus weiter zur Borgfelder Allee.

Borgfeld
PLZ: 28357; Vorwahl: 0421

Borgfelder Dorfkirche (13./14. Jh.), Borgfelder Landstr. 15. Im Jahre 1732 wurde die einschiffige Kirche erweitert und erhielt einen neuen Kirchturm im gotischen Stil. Seit 1973 steht die Kirche unter Denkmalschutz.

Grimm Fahrradservice, Lilienthaler Heerstr. 378, ☎ 272879
Borgfeld ist ein Stadtteil von Bremen. Der Familie Jacobs, die über Jahrhunderte im Ort ansässig ist, entstammte Johann Jacobs (1869-1958), der in Bremen eine Kaffeerösterei gründete. Damit war der Grundstein der weltweit bekannten Firma Jacobs Kaffee gelegt.

AUSFLUG Bevor Sie das Zentrum von Borgfeld erreichen, sei ein Ausflug in das Künstlerdorf Worpswede empfohlen. Dafür fahren Sie an der Wegkreuzung noch vor der Borgfelder Allee nach links und folgen am Ortsrand von Lilienthal links der blau markierten Worpswede-Radtour. Zuerst radeln Sie fast 10 km an

AndersRum (Karte 2): 5 Geradeaus über die Ampelkreuzung und in die gegenüberliegende Straße im Linksbogen 〰 auf dem Deichweg nun immer geradeaus 〰 nach dem weiten Linksbogen gelangen Sie rechts zur Schleuse Kuhsiel.

Kuhsielschleuse

4 Am Landhaus Kuhsiel nach links 〰 auf dem **Kuhgrabenweg** nun schnurgerade am **Kuhgraben** entlang 〰 vorbei an der Aussichtshütte, von der Sie einen weiten Blick über das Nauturschutzgebiet Kuhgrabensee haben 〰

der Wümme entlang und kommen dann durch die weite Landschaft des Teufelsmoores nach Worpswede. Auf dem Rückweg gelangen Sie zur Wörpe und fahren auf dem Uferweg durch Lilienthal, wo Sie wieder auf die Hauptroute stoßen (s. S. 34).

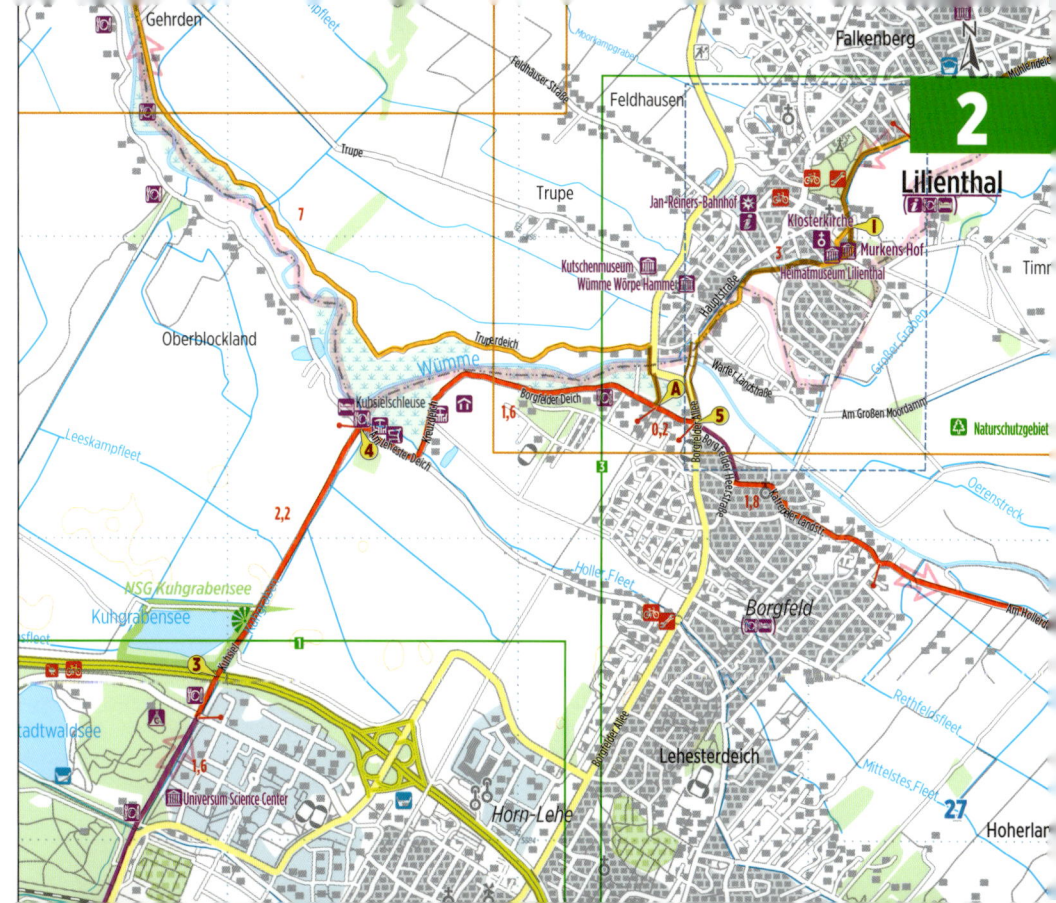

Landschaft im Teufelsmoor

A Vom Borgfelder Deich nach links auf den Richtung Worpswede ausgewiesenen Weg und über die Brücke ∼ von rechts stößt die Umgehungsstraße auf die Route, Sie bleiben links auf dem Radweg und fahren über die nächste Brücke.

Lilienthal   s. S. 34

Am Ortsrand von Lilienthal an der Ampelkreuzung nach links ∼ auf der Straße **Truperdeich** verlassen Sie den Ort gleich wieder und folgen dem Wümme-Radweg ∼ nach 4 km am **Gasthaus Zur Schleuse** vorbei ∼ weitere

5 km auf dem Deichweg weiter ∼ **B** kurz nach dem **Gasthaus Wümmeblick** zweigen Sie nach rechts vom Deich ab und folgen dem **Kirchweg** schnurgerade durch die flachen Marschwiesen ∼ über drei Kanäle, Sie fahren nun durch das Teufelsmoor.

St. Jürgen

- **St. Jürgen** (ca. 1190), ein weiß verputzter romanischer Back- und Sandsteinbau
- **Pfarrhaus** (18. Jh.)
- **Backhaus**, im Jahre 2004 als Fachwerkbau nach dem hist. Vorgängerbau neu errichtet

Das auf einer Warft angelegte St. Jürgen, ein Ortsteil von Lilienthal, ist mit dem schönen Ensemble von Kirche, Pfarrhaus und Küsterhaus in den Sommermonaten ein touristischer Anziehungspunkt.

Kulturlandschaft Teufelsmoor

Man könnte sagen, das Gebiet des Teufelsmoores sei unfruchtbar, nebelig, grau und unheimlich; man könnte aber auch sagen, die Landschaft rund um die Flüsse Weser, Lesum,

Hamme und Wümme sei moorig, mystisch, interessant und geheimnisvoll.
Paula Modersohn-Becker nannte es ein „Wunderland". Warum? Vielleicht, weil aus den unfruchtbaren, feuchten Böden durch lange, harte Arbeit und viele Entwässerungskanäle ein kultiviertes Land entstand. Vielleicht auch deshalb, weil genau hier in den Überschwemmungsgebieten wieder Wiesenvögel ihre natürliche Heimat gefunden haben. Vielleicht aber auch deshalb, weil genau diese Wildnis zahlreiche Künstler

Windmühle Worpswede

angezogen hat, die hier ihre Galerien und Ateliers eingerichtet haben.

Geradeaus weiter zur Straße ⮑ links versetzt in die **K 9**  **C** in der leichten Linkskurve der Straße rechts abzweigen und am Rand des kleinen Wäldchens entlang ⮑ an der Querstraße rechts auf die **K 11** ⮑ nach 2,5 km am Beginn des links der Straße liegenden kleinen Wäldchens zweigen Sie rechts ab ⮑ am Querweg links ⮑ nach 2 km geradeaus über die Straßenkreuzung und den Kanal ⮑ **D** an der nächsten Straßenkreuzung am Ortsanfang von Worpswede links.

VARIANTE Die Route verläuft an der Mühle Worpswede – einem Wahrzeichen des Dorfes – vorbei. Wer auf direktem Weg in den Ort gelangen will, kann an der Kreuzung auch geradeaus fahren und der Variante folgen.

Auf dem Weg zur Mühle biegen Sie auf die Querstraße nach rechts ein ⮑ in den nächsten Abzweig nach links und geradeaus zur Mühle.

Windmühle Worpswede

⚙ **Windmühle Worpswede** (1838), ☎ 04792/1277, Führungen n. t. V. Die Mühle ist an der Stelle einer 1700 erbauten Bockwindmühle als Erdholländer umgebaut worden. Nach einer umfangreichen Restaurierung ist sie voll funktionstüchtig.

Im Rechtsbogen an der Mühle vorbei, am Querweg dann rechts ∿ noch vor der Kreisstraße links in den **Walter-Bertelsmann-Weg** ∿ am Ende befindet sich rechts ein Fahrradrastplatz inmitten eines kleinen Skulpturenparks und einem Labyrinth ∿ bei den schönen alten Bauernhäusern und der Dorfglocke links halten ∿ an der Kreisstraße rechts und gleich wieder links in die **Bergstraße** ∿ Sie befinden sich nun mitten im Ortszentrum von Worpswede, wo sich auch die Tourist-Information befindet.

Worpswede

PLZ: 27726; Vorwahl: 04792

🛈 **Tourist-Information Worpswede**, Bergstr. 13, ☏ 935820, www.worpswede.de

🏛 **Barkenhoff – Heinrich-Vogeler-Museum**, Ostendorfer Str. 10, ☏ 3968, ÖZ: tägl. 10-18 Uhr. Das Museum gibt Einblick in das Leben und Lebenswerk von Heinrich Vogeler, der entscheidenden Anteil an der Entwicklung der Künstlerkolonie Worpswede hatte. Das Haus wurde 1895 von Heinrich Vogeler als Wohn- und Atelierhaus erworben und später von ihm um- und ausgebaut.

🏛 **Große Kunstschau**, Lindenallee 5, ☏ 1302, ÖZ Sommer: tägl. 10-18 Uhr, Winter: Di-So 10-17 Uhr. Dauerausstellung mit berühmten Gemälden der ersten Malergeneration von Worpswede sowie Wechselausstellungen mit zeitgenössischer Kunst.

Bauernhaus in Worpswede

🏛 **Haus im Schluh**, Im Schluh 35-37, ☏ 522, ÖZ Sommer: Mo-Fr 14-18 Uhr, Sa, So 11-18 Uhr, Winter: Di-Fr 14-17 Uhr, Sa und So 11-17 Uhr. In den beiden alten strohgedeckten Fachwerkhäusern ist eine Sammlung von Gemälden, Grafik und Design von Heinrich Vogeler zu sehen. Außerdem ist Hausrat und Mobiliar von Heinrich Vogeler ausgestellt, das aus seinem Haus **Barkenhoff** stammt. Mit einer Ausstellung zur Handweberei, Museumsladen und Café.

🏛 **Worpsweder Kunsthalle**, Bergstr. 17, ☏ 1277, ÖZ: tägl. 10-18 Uhr. Zu sehen sind Werke der Gründergeneration der Künstlerkolonie und der nachfolgenden Generationen. Die Sammlung gilt als bedeutendste Überblickssammlung über die Kunstgeschichte des Ortes.

🏛 **Museum am Modersohn-Haus**, Hembergstr. 19, ☏ 4777, ÖZ: April-Okt., tägl. 10-18 Uhr, Nov.-März, Sa und So 13-17 Uhr und n. t. V. Das Museum zeigt eine Sammlung der ersten Malergeneration Worpswedes. Das Modersohn-Haus kaufte der Maler Modersohn im Jahre 1897 für seine Familie. Nach dem Tod seiner ersten Frau lebte später Paula Modersohn-Becker in diesem Haus.

🏛 **Käseglocke** (1926), Lindenallee, ☏ 1277, ÖZ: Di-So 10-17 Uhr, im Winter nur bis 16 Uhr, im Jan. geschlossen. Das von dem Architekten Bruno Taut (1880-1938) entworfene runde Haus ist heute ein Museum für regionale angewandte Kunst.

⛪ **Zionskirche** (1759), An der Kirche 1, ☏ 96335, eine schlichte Saalkirche mit weißem Kirchturm von 1798. Auf dem umliegenden Friedhof sind etwa 80 Gräber von Worpsweder Künstlern.

🗿 Der **Niedersachsenstein** ist eine 18 m hohe expressionistische Großplastik aus Ziegelsteinen. Sie stellt die Form eines Adlers dar und wurde von dem Architekten Bernhard Hoetger (1874-1949) entworfen. Als Kriegsdenkmal für die gefallenen Soldaten im Ersten Weltkrieg errichtet, dient das Denkmal heute als Mahnmal für den Frieden.

✳ **Moorexpress**, fährt in der Zeit von Mai-Anf. Okt. an den Wochenenden und an Feiertagen auf der Strecke zwischen Bremen und Stade. Der Bahnhof Worpswede ist einer der Haltepunkte. Farräder können mitgenommen werden. Infos bei der Tourist-Information Worpswede.

✳ **Bahnhof** (1910), Bahnhofstr. 17, von Heinrich Vogeler entworfen

🔧 **Heitmann**, Dorfstr. 27b, ☏ 1339

🔧🚲 **Fahrradladen Worpswede**, E-Bike-Verleih, Findorffstr. 28, ☏ 2323

1884 begann die Entwicklung des Ortes Worpswede zur bekanntesten Künstlerkolonie Deutschlands. In diesem Jahr kam Fritz Mackensen (1866-1953), damals Student der Düsseldorfer Kunstakademie, in den Sommermonaten zum Malen nach Worpswede. Auch in den nächsten Jahren wählte er diesen Ort und die scheinbar unberührte Landschaft im Teufelsmoor für seine Studienaufenthalte. 1889 gründete er zusammen mit seinem Studienkollegen Otto Modersohn (1865-1943) die Künstlerkolonie Worpswede, der sich weitere Künstler wie Hans am Ende und Fritz Overbeck anschlossen. 1894 kam auch Heinrich Vogeler (1872-1942) nach Worpswede. Sein Haus Bar-

Wohnhaus in Worpswede

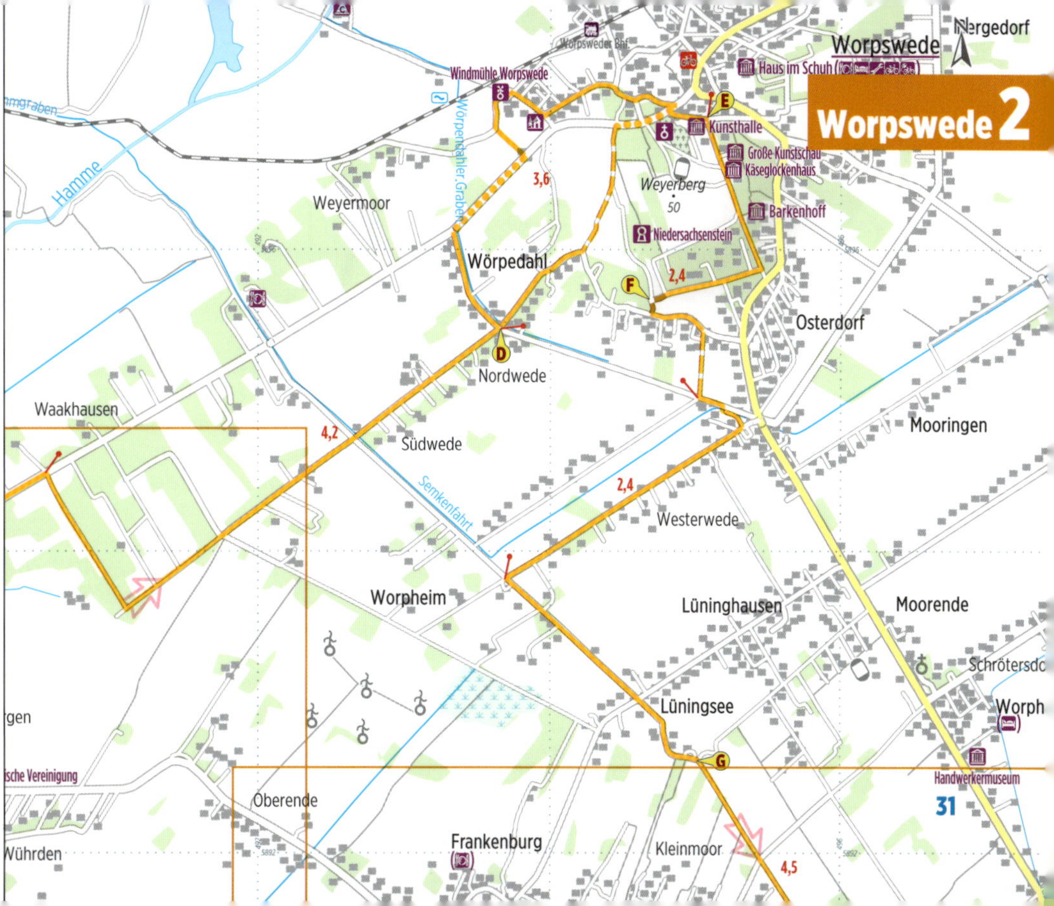

31

kenhoff wurde zum Zentrum der Worpsweder Künstlerbewegung.

Bis heute ist das inzwischen weltweit bekannte Worpswede ein lebendiges Künstlerdorf geblieben. Es gibt etwa 50 Galerien und ca. 140 Künstler und Kunsthandwerker leben hier. In den Ausstellungen des Worpsweder Museumsverbundes werden Werke aus der Zeit der Gründung der Künstlerkolonie bis hin zur zeitgenössischen Kunst gezeigt. Im Jahr 2014 begeht Worpswede den 125. Geburtstag der Künstlerkolonie. Zu diesem Anlass zeigen die zentralen Worpsweder Museen umfangreiche Sonderausstellungen, die Werke von den Anfangsjahren bis zur Gegenwart präsentieren.

Heinrich Vogeler

Heinrich Vogeler (1872-1942) war Maler, Grafiker, Designer, Architekt, Schriftsteller und Pädagoge.

Als Sohn eines Eisenwarengroßhändlers verbrachte er seine Kindheit in gutbürgerlichen Verhältnissen in Bremen. Er studierte an der Kunstakademie in Düsseldorf. Nach dem Tod des Vaters im Jahre 1894 wurde das väterliche Unternehmen verkauft und Heinrich Vogeler

Birkenallee bei Worpswede

konnte mit seinem Erbteil als Künstler für die nächsten Jahre frei von finanziellen Sorgen leben. Er schloss sich noch im Jahr 1894 der Künstlerkolonie Worpswede an und gewann zusammen mit anderen Malern wie Otto Modersohn, Fritz Mackensen und Fritz Overbeck bereits früh eine überregionale künstlerische Anerkennung. Vor allem als Jugendstilkünstler machte er sich einen Namen. In seiner Zeit in Worpswede, wo er bis 1923 lebte, spielte sein Haus Barkenhoff eine wichtige Rolle als Treffpunkt der Künstlerkolonie. Vogeler gestaltete Haus und Garten, Möbel und Geschirr. So entwickelte sich das Haus im Laufe der Zeit zu einem Gesamtkunstwerk. Zum engen Freundeskreis

Vogelers zählten der Dichter Rainer Maria Rilke und dessen Frau, die Bildhauerin Clara Rilke-Westhoff sowie der Maler Otto Modersohn und dessen Frau Paula Modersohn-Becker.

Vogeler meldete sich freiwillig für den Einsatz im Ersten Weltkrieg und wurde durch die Kriegserfahrungen zum radikalen Pazifisten, engagierte sich für revolutionäre Ideen. Seine Kunst zeigte nun expressionistische Züge. Die politischen Überzeugungen brachten ihn ab 1923 regelmäßig in die Sowjetunion. 1924 ging er nach Berlin und 1931 siedelte er nach Moskau über. Nun malte er Bilder im Stil des Sozialistischen Realismus. Im Zweiten Weltkrieg galt sein Engagement dem Kampf gegen den Nationalsozialismus. Als die deutsche Wehrmacht in die Sowjetunion einmarschierte, wurde Vogeler wie viele andere Künstler nach Kasachstan zwangsevakuiert. Dort starb er am 14. Juni 1942 verarmt und entkräftet.

E Hinter der Tourist-Information, die sich im **Philine-Vogeler-Haus** befindet, zweigen Sie nach rechts ab ～ linker Hand hinter den Bäumen liegt die **Große Kunstschau**, und kurz danach können Sie nach links das

Haus **Käseglocke** erreichen ⌁ Sie fahren auf der **Lindenallee** geradeaus am Feldrand entlang ⌁ am Ende des Feldes rollen Sie weiter geradeaus und folgen der Straße **Am Schmidtberg** leicht bergab ⌁ in den nächsten Abzweig nach rechts ⌁ am Ende des **Heinrich-Vogeler-Wegs** geradeaus weiter auf dem schmalen Weg ⌁ kurz danach links versetzt weiter ⌁ **F** am Querweg im Wald links auf den breiteren Weg ⌁ gleich danach links auf den befestigten Weg ⌁ nach 400 m am Feldrand nach rechts auf den unbefestigten **Südweder Kirchdamm** abzweigen ⌁ an der Straße nach links ⌁ rechts über den kleinen Kanal auf die ruhige Straße.

Mooringen

An der Querstraße rechts, nun ca. 2 km der **Westerweder Straße** folgen ⌁ auf der schönen Birkenallee kommen Sie an einzelnen Gehöften vorbei ⌁ an der Querstraße links ⌁ auf der Tempo-30-Straße über die nächste Kreuzung.

Lüningsee

G nach dem Linksbogen der **Lüningseer Straße** halten Sie sich rechts und folgen dem Weg schnurgerade zwischen den Feldern hindurch ⌁ nach 2,7 km an der Straße rechts.

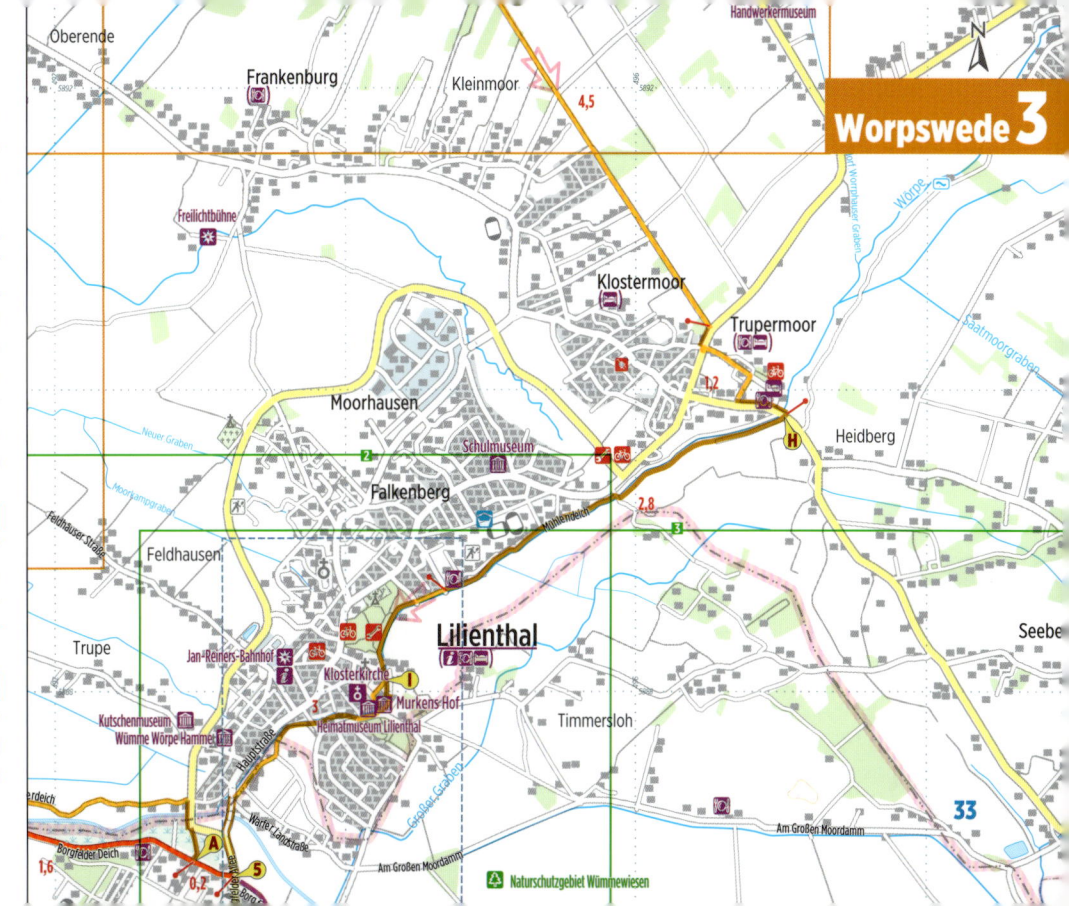

Trupermoor

Am Rande von Trupermoor an der Kreuzung links abzweigen ∼ in die nächste Straße nach rechts ∼ an der Querstraße dann links auf den Radweg ∼ gleich hinter der Brücke nach rechts auf den glatt asphaltierten Radweg am Ufer der Wörpe entlang ∼ an der Brücke wechseln Sie auf die andere Seite des Flüsschens und folgen weiterhin dem Radweg, der nun gepflastert ist ∼ auf dem **Mühlendeich** am **Gasthaus zur Wörpe** vorbei und ein kurzes Stück auf der kleinen Straße ∼ an einem kleinen Wäldchen entlang ∼ danach noch 130 m weiter auf dem Deichweg, **H** dann hinunter zum **Mühlenweg**, auf dem Sie zur **Klosterstraße** mitten im alten Ortszentrum gelangen.

VARIANTE Wenn Sie nicht ins Ortszentrum radeln wollen, können Sei auch weiterhin dem Weg auf dem Mühlendeich folgen und wechseln dann bei der Brücke ans andere Ufer.

Lilienthal

PLZ: 28865; Vorwahl: 04298

ℹ Gästeinformation, Klosterstr. 16, ☎ 929118, www.lilienthal.de

🏛 Murkens Hof, Klosterstr. 25, ☎ 929117, ÖZ: Mo-Fr 8-20 Uhr, Sa, So 11-17 Uhr u. n. V. Das kulturelle Zentrum im schönen Fach-werkhaus beherbergt nicht nur das Kulturamt, die Bibliothek und die Kunststiftung, sondern es finden hier auch zahlreiche Konzerte, Lesungen und Vorträge statt.

🏛 Galerie Kühn, Hauptstr. 39, ☎ 1368, ÖZ: Di-Fr 10-13 Uhr und 15-18 Uhr, Sa 10-18 Uhr, So 11-16 Uhr. Der Objektkünstler Volker Kühn zeigt in seiner Galerie zeitgenössische Kunst.

🏛 Heimatmuseum Lilienthal, Feldhäuserstr. 16, ☎ 6011, ÖZ: Di 9.30-12 Uhr, So 11-13 Uhr. Auf den historischen Spuren des alten Klosters und der weltberühmten Sternwarte von Hieronymus Schroeter wandelt das Heimatmuseum Lilienthal. Zeichnungen, Fotos und Modelle veranschaulichen die Entwicklung des Klosters und der Sternwarte.

🏛 Lilienhof-Anlage, Worphauser Landstr. 26a, ☎ 7679 (Herr Tietjen), ÖZ: Mai-Okt., So 15-17 Uhr. Die Museumsanlage mit Häusern aus dem 17. und 18. Jh. ist auch Veranstaltungsort und Begegnungsstätte. In der sanierten Scheune befindet sich das **Handwerkermuseum**, ☎ 91730 (Herr Meierdierks), mit Werkzeugen und Informationen zu altem Handwerk wie Seilern, Hutmachern, Schuhmachern.

🏛 Schulmuseum, Falkenberger Landstr. 67, ☎ 3885, ÖZ: Besuche und hist. Schulstunden für Gruppen nur nach tel. Vereinb. Das Klassenzimmer ist komplett mit einer Ausstattung aus dem Jahr 1928 eingerichtet.

🏛 Niedersächsisches Kutschenmuseum, Lilienthal-Trupe 10, ☎ 0498/1707 od. 0421/271521 od. 0171/3107005, ÖZ: n. V. Seit 1977 können hier in einer Scheune zahlreiche historische Kutschen besichtigt werden.

🏛 Kunstschau „Wümme Wörpe Hamme", Lilienthal-Trupe 6, im ehemaligen Küsterhaus, ☎ 907641, ÖZ: Di-Sa 14-18 Uhr und So 10-18 Uhr. Es werden Bilder von über 17 Künstlern gezeigt, die in Lilienthal, Worpswede, Fischerhude und Bremen ansässig waren und sind.

⛪ Klosterkirche St. Marien, Klosterstr. 14, ☎ 1053, Schlüssel zur Besichtigung bei der Gästeinformation Lilienthal. Markante Backsteinkirche mit Arkadenverblendung und einfachem Dachreiter.

✿ Freilichtbühne Lilienthal, Höge 2, ☎ 30198, ÖZ: Mai-Okt. Seit über 20 Jahren begeistern auf dieser herrlich gelegenen Freilichtbühne Theaterstücke und Konzerte Jung und Alt.

✿ Jan-Reiners-Bahnhof, ehemaliger Bahnhof der Kleinbahn Jan Reiners, die 1900-1956 zwischen Bremen und Tarmstedt verkehrte. Das schöne Fachwerk-Gebäude ist heute in Privatbesitz.

✿ Astronomische Vereinigung Lilienthal, Würden 17, ☎ 2499 od. 04792/951196. Die Ge-

Klosterkirche in Lilienthal

34

sellschaft bietet Himmelsbeobachtungen mit dem Teleskop und Veranstaltungen zum Thema Astronomie und Hieronymus Schroeter.

✿ **Der kleine Skulpturen-Park**, Sternwartestr. 14F, ☎ 2138. Zahlreiche Bronzeplastiken rund um die Themen Mensch, Tier und Metamorphose sind in einem sehr schön angelegten Garten zu besichtigen.

✿ **Torfkahnfahrten**, Abfahrt: Steganlage in der Wörpe, ☎ 929240

✿ **Kanu-Scheune**, Hauptstr. 2, ☎ 697595, Mai-Sept., tägl. 10-18 Uhr u. n. V. Kanutouren und -verleih. Spezielle Angebote für Kombination Rad & Kanu.

🛁 **Hallenbad Lilienthal**, Zum Schoofmoor 7, ☎ 31155

🔧 🚲 **Fahrradhaus Kück**, Falkenberger Landstr. 97, ☎ 3757

🔧 🚲 **wiegetritt cycle components**, Hauptstr. 86, ☎ 417061

🔧 **Fahr zu Rolf**, Hauptstr. 42, ☎ 279720

🚲 **Hotel Schomacker**, E-Bike-Verleih, Heidelberger Str. 27, ☎ 93740

1232 wurde im heutigen Lilienthal vom Bremer Erzbischof ein Kloster gegründet, dessen Wappen die Jungfrau Maria mit dem Jesuskinde zwischen zwei Lilien sitzend zeigte. Das Kloster steht schon lange nicht mehr, am Wappen und Namen der Stadt sind allerdings die Ursprünge noch deutlich zu erkennen.

Am ehemaligen Klostergelände wurde im 18. Jahrhundert der Amtsgarten Lilienthals angelegt, in dem wiederum rund 100 Jahre später

*der bis heute bekannte Astronom Johann Hieronymus Schroeter (1745-1816) eine riesige Sternwarte errichten ließ. Diese damals größte Warte Europas mit mehreren Großteleskopen ermöglichte eine detaillierte Beobachtung des Mondes, was Lilienthal den Ruf des Zentrums der Astronomie einbrachte. Ein Großteil der Aufzeichnungen Schroeters wurde leider durch die napoleonischen Truppen zerstört, die noch übriggebliebene Hinterlassenschaft wird jedoch bis heute von der Astronomischen Vereinigung Lilienthals verwaltet und gepflegt. Für die Weiterfahrt zur Hauptroute geht es vorbei an **Murksens Gasthof** und über die Wörpe-Brücke ⌁ danach rechts in die Straße einbiegen ⌁ rechts auf den Uferweg ⌁ an der Brücke vorbei weiterhin entlang der Wörpe ⌁ bei den Häusern fahren Sie vom Radweg geradeaus auf die Straße **Mehllandsdeichweg** und folgen dieser ⌁ an der **Borgfelder Allee** links auf den Radweg ⌁ nach der Brücke wechseln Sie auf den Radweg entlang der Umgehungsstraße ⌁ an der Ampelkreuzung nach der nächsten Brücke biegen Sie links ab und befinden sich wieder auf der Hauptroute.*

400 m

5 In Borgfeld queren Sie an der Ampelkreuzung die Borgfelder Allee und folgen dem Radweg der **Borgfelder Heerstraße** neben den Wümmewiesen ～ nach dem Rechtsbogen fahren Sie an der Kreuzung nach links ～ an der folgenden Gabelung rechts Richtung Fischerhude ～ dem kurvigen Verlauf der **Katrepeler Landstraße** folgen ～ die Straße geht über in ein schmales Asphaltband namens **Am Hollerdeich** ～ diesem Weg längere Zeit folgen, links reicht der Blick weit über die Wümmewiesen.

Naturschutzgebiet Wümmewiesen

Mit rund 680 Hektar sind die Borgfelder Wümmewiesen das größte Naturschutzgebiet Bremens. Als natürliches Überschwemmungsgebiet trägt die Aulandschaft wesentlich zum Hochwasserschutz bei und wurde in das europäische Gebietsschutzsystem NATURA 2000 aufgenommen.
Bereits in den 1970er Jahren wurden Maßnahmen der Renaturierung der Gewässer in der

Wümmewiesen

Region begonnen, die bis heute andauern. Dazu gehörte unter anderem das Abtragen von Deichen und das Anlegen von Seitenarmen der Wümme. Durch Ankauf von weiteren Wiesenflächen konnte das Schutzgebiet erweitert werden. Die Bemühungen zeigen große Erfolge, denn mittlerweile ist der Artenreichtum an Pflanzen und Tieren wesentlich erhöht worden und zahlreiche gefährdete Arten wie der Wachtelkönig oder der Zwergschwan konnten in den Wümmewiesen ihre Heimat finden. Zu den hier gedeihenden seltenen Pflanzen gehören zum Beispiel das Breitblättrige Knabenkraut, die Sumpf-Plattererbse und die Faden-Binse. Be-

AndersRum (Karte 3): Auf der **Molkereistraße** verlassen Sie Fischerhude ～ Sie folgen nun dem Straßenverlauf immer geradeaus ～ hinter dem Landwirtschaftsbetrieb am Waldrand entlang ～ **7** der Beschilderung folgend in den zweiten Weg nach links ～ Sie kommen nun in die Wümmeniederung ～ nach der zweiten Brücke an der Wegkreuzung dem Asphaltweg nach rechts folgen ～ kurz danach links über den Wümme-Südarm ～ **6** nach der Stauanlage rechts und an mehreren schönen Rastplätzen vorbei ～ auf dem Deichweg immer geradeaus vorbei an den Wümmewiesen nach Borgfeld ～ am Ortsanfang im Linksbogen auf die Straße, dann rechts halten ～ Sie folgen dem kurvigen Verlauf der **Katrepeler Landstraße** ～ an der Querstraße rechts und dann im Linksbogen ～ an der **Borgfelder Landstraße** links ～ an der nächsten Kreuzung rechts auf den Radweg der **Borgfelder Heerstraße**, nun müssen Sie sich entscheiden, ob Sie weiter der Hauptroute folgen oder die Rundtour nach Worpswede wählen.

Borgfeld

sonders schön präsentieren sich die Wiesen im Frühjahr, wenn sie mit Teppichen von leuchtend gelben Sumpfdotterblumen überzogen sind.
Sie kommen an mehreren schönen Rastplätzen vorbei ～ **6** gleich nach der Rechtskurve

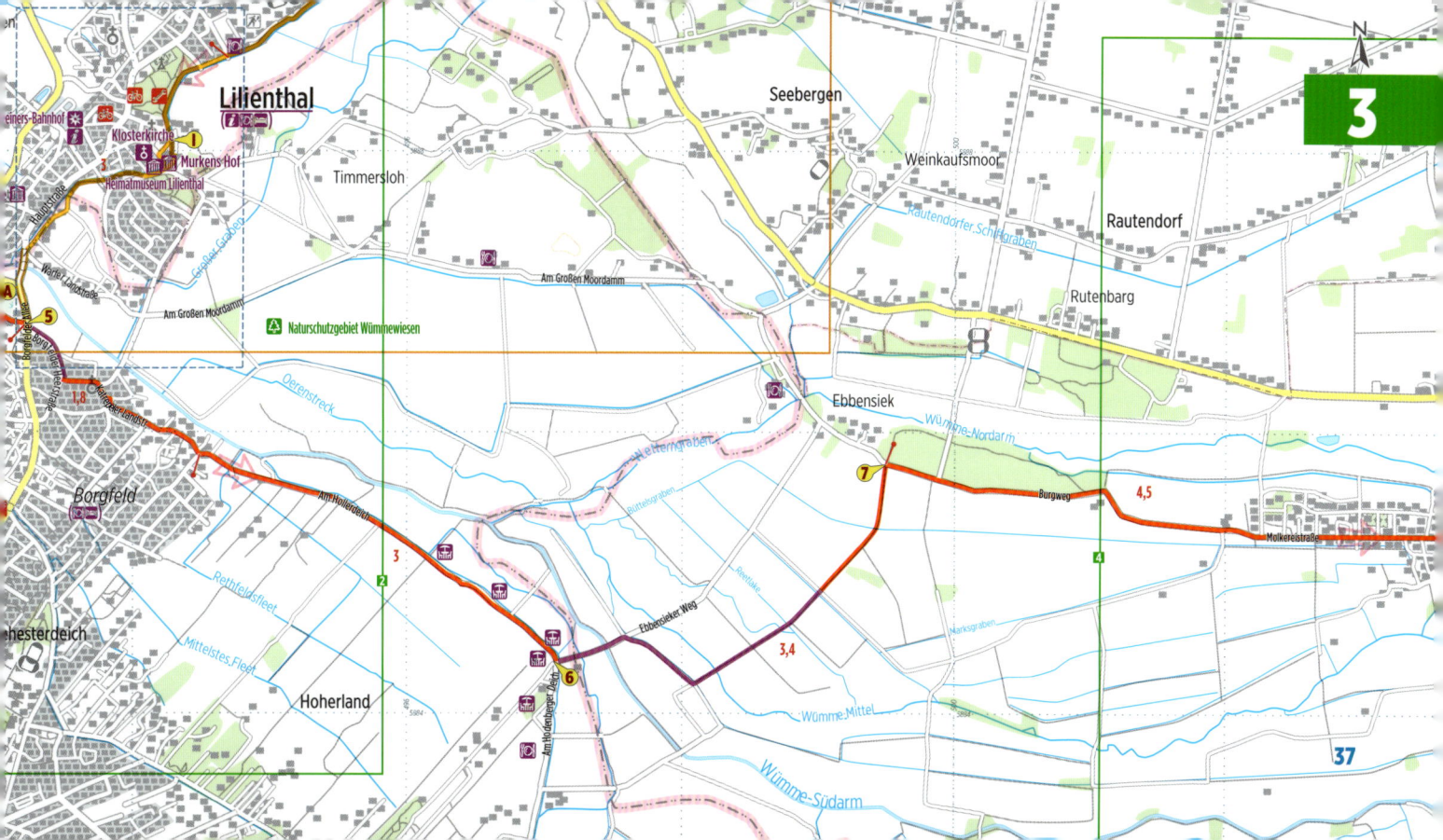

zweigen Sie nach links vom Deichweg ab ⌇ an der **Stauanlage** Hodenberger Deichschlot queren Sie einen Entwässerungsgraben, kurz darauf einen weiteren ⌇ auf der Brücke über den **Wümme-Südarm** ⌇ vor dem nächsten Graben nach rechts, der Weg geradeaus führt zu einem kleinen Aussichtshügel.

Die Wümme

Der 118 Kilometer lange Fluss Wümme gehört zu den saubersten Flüssen Norddeutschlands. Der gesamte Verlauf des Flusses ist unter Natur- und Landschaftsschutz gestellt; hier kommen bedrohte Wanderfischarten wie Meerforelle, Flussneunauge und Meerneunauge vor. Die Quelle der Wümme liegt im Naturschutzgebiet Lüneburger Heide. Südlich von Ottersberg verästelt sich die Wümme in Nord-, Mittel- und Südarm, die als Binnendelta durch die Wümmewiesen fließen und sich vor Bremen wieder vereinigen. Nordwestlich von Bremen mündet die Wümme in die Lesum, die sich mit der Hamme vereinigt und bald danach in die Unterweser mündet.

Heimathaus in Fischerhude

In den nächsten Abzweig nach links und über den **Wümme-Mittelarm** ⌇ immer geradeaus durch die Wümmeniederung ⌇ **7** am Waldrand nach rechts ⌇ Sie folgen der kleinen Asphaltstraße nach Fischerhude ⌇ auf der **Molkereistraße** ins Ortszentrum.

> **TIPP**
> Ab der Ortsmitte von Fischerhude verläuft nun neben dem Wümme-Radweg auch die Route des Lüneburger Heide-Radwegs parallel zum Radfernweg Hamburg-Bremen.

Fischerhude

PLZ: 28870; Vorwahl: 04293

🏛 **Otto Modersohn Museum**, In der Bredenau 95, ☎ 328, ÖZ: tägl. 10-18 Uhr. Die Werke von Otto Modersohn – von der Akademie-

zeit bis zu den Spätwerken – sind hier in einer alten Fachwerkscheune ausgestellt. Modersohn lebte von 1865-1943 und war vor allem ein Vertreter der romantischen Landschaftsmalerei, beeinflusst von den französischen Impressionisten. Zusätzlich finden hier immer wieder wechselnde Sonderausstellungen statt.

🏛 **Fischerhuder Galerie**, In der Bredenau 1A, ☎ 492, ÖZ: Mo-Fr 10-13 Uhr und 14.30-18 Uhr, Sa 10-18 Uhr, So 14.30-18 Uhr. Wechselnde Ausstellungen von verschiedensten Künstlern werden in einem ehemaligen Pferdestall präsentiert.

🏛 **Heimathaus Irmintraut** (1764), Kirchstr. 2, ☎ 7186, ÖZ: März-Okt., Mi, Fr, Sa, So 11-13 Uhr und 15-17 Uhr, Nov.-Febr. nur Sa, So. Dieses typische, niedersächsische Zweiständerhallenhaus ging aus dem sogenannten „Tietjenhof" hervor und wurde 1934 als Museum mit originalen bäuerlichen Einrichtungsgegenständen eröffnet.

⚭ **Liebfrauenkirche Fischerhude** (1841). Eine Besonderheit stellen die 39 barocken Grabsteine dar, die an der Friedhofsmauer rund um die Kirche angeordnet wurden. Diese lagen zunächst in Wilstedt, wo die Einwohner von Fischerhude beerdigt wurden, als der Ort noch keine eigene Kirche hatte. 1859 wurden die ältesten der Gabsteine nach Fischerhude zurückgeholt.

✿ **Buthmanns Hof** (1735), Im Krummen Ort 2, ☎ 786676. Der Buthmanns Hof ist einer der ältesten Baumannshöfe in Fischerhude. Bis 1970 wurde auf dem Hof Landwirtschaft betrieben. Heute befindet sich in dem unter Denkmalschutz stehenden Gebäude eine Galerie mit Werken von Fischerhuder Künstlern.

✿ **Fischerhuder Hofkonzerte** im Buthmanns Hof, Vorverkauf über die Fischerhuder Galerie, ☎ 492

🔧 **Fahrradservice Fischerhude**, Landstr. 3, ☎ 7353

🔧 🚲 **Haase**, Zum Dieker Ort 3, ☎ 7380 od. 0171/1780753

Geprägt durch die Landschaft von Moor, Geest, Wald, Heide und Düne, sowie den weiten Flussläufen der Wümme, entwickelte sich Fischerhude zum heutigen Bauern- und Künstlerdorf. Das Besondere an diesem Ort waren und sind die immer wiederkehrenden

Brettmannshof, Fischerhude

Maler und Bildhauer. Begonnen hat dies alles mit Otto Modersohn und seinem Freund Fritz Overbeck, die Ende des 19. Jahrhunderts hier ihre Landschaftsbilder malten. Ein weiterer wichtiger Name ist jener von Heinrich Breling, der hier geboren und dessen Zeichentalent auch hier entdeckt wurde. Nachdem er als „Königlicher Malprofessor" für Ludwig II. gearbeitet hatte, kehrte er nach Fischerhude zurück und malte Alltagsszenen wie beispielsweise die Kornernte oder Mütter mit ihren Kindern. Zahlreiche weitere Maler und Bildhauer lebten und leben bis heute in Fischerhude, nicht zuletzt aufgrund der malerisch-idyllischen Landschaft.

Von Fischerhude nach Wilstedt   14 km

Auf der **Molkereistraße** geradeaus über die Kreuzung 〰 **8** an der T-Kreuzung vor der Kirche der Straße rechts folgen und gleich danach links auf dem Radweg am **Heimathaus** und an der Kirche vorbei 〰 hinter der Kirche geradeaus in die Straße **In der Bredenau**, auf der Sie den Ort wieder verlassen.

Kirche in Ottersberg

VARIANTE Gegen Ortsende zweigt eine beschilderte Variante nach rechts ab und führt noch ein Stück weiter in der Wümmeniederung in den kleinen Ort Ottersberg, der Bahnanschluss hat. Von dort gelangen Sie auf einem Radweg entlang der Landesstraße wieder zur Hauptroute. Bis zur Kirche in Ottersberg verläuft diese Variante auf dem Wümme-Radweg.

Variante über Ottersberg   8 km

Am östlichen Ortsrand von Fischerhude zweigen Sie am Ende der Asphaltstraße – danach ist die Straße gepflastert – rechts in den asphaltierten Landwirtschaftsweg in Richtung

Ottersberg ab ～ gleich danach über eine Brü-cke, Sie queren hier den Wümme-Mittelarm ～ am Abzweig geradeaus vorbei ～ in der Rechtskurve der Asphaltstraße geradeaus auf den unbefestigten Fahrweg ～ nach 1,7 km links auf der Brücke über den Wümme-Mittel-arm ～ kurz darauf rechts über den Wümme-Nordarm ～ jetzt weiter auf dem Asphaltweg ～ nach der Rechtskurve kurz entlang eines Baches ～ auf dem Asphaltweg geradewegs nach Ottersberg ～ an der Querstraße rechts ins Ortszentrum.

Der erste nach rechts abzweigende Weg Richtung Sportplatz kann als direkter Weg zum Bahnhof gewählt werden. Diese Route ist in der Karte verzeichnet.

Ottersberg

PLZ: 28870; Vorwahl: 04205

🛈 **Flecken Ottersberg**, Grüne Str. 24, ✆ 31700, www.ottersberg.de

⛪ **Christopherus-Kirche** (1668). Die Fachwerkkirche hatte ur-sprünglich einen hölzernen Glockenturm, der 1842 durch einen massiven gemauerten Turm ersetzt wurde.

✳ **Amtshof Ottersberg**, ✆ 31680. Das schlossähnliche Gebäude aus dem 16. Jh. steht an der Stelle einer altsächsischen Wallburg-

Modersohn-Museum, Fischerhude

anlage in den Wümmeniederungen. Vom Wall und dem Burggraben sind noch Reste erhalten.

✳ **Kutschfahrten**, Im Kaiserlichen 10, ✆ 778220

✳ **Fahrradtransporte** Gerstein & Pockels, ✆ 396396

🛏 **Otterstedter See**, idyllisch gelegener Badesee mit Liegewiese, rund 3 km nördlich von Ottersberg.

🛁 **Otterbad**, Fährwisch 7, ✆ 7000

🍴 **Holsten & Sohn**, Hauptstr. 25, ✆ 8668

Sie verlassen den Ort auf dem Rad- und Fuß-weg entlang der L 154 in westliche Richtung ～ nach dem Ortsende auf dem Radweg rechts der recht stark befahrenen Straße weiter ～ nach 1,5 km an dem kleinen Weiler Wallbrück vorbei und über eine kleine Brücke ～ in den

AndersRum (Karte 4): **10** An der nächsten Wegkreuzung geradeaus am Rastplatz vorbei, hier zweigt eine Variante rechts über Quelkhorn ab ～ an der **L 154** kurz links und dann gleich wieder rechts abzweigen, die Variante über Ottersberg verläuft weiter auf dem Radweg ～ in den nächsten Weg rechts ～ am Gehöft vorbei und gerade über den Querweg ～ am Waldanfang auf dem Hauptweg im Rechtsbogen ～ an der Wegkreuzung links auf den Asphaltweg ～ auf dem Wirtschaftsweg queren Sie nach 1 km den Wümme-Nordarm ～ **9** beim **Modersohn-Museum** an der T-Kreuzung rechts ～ auf der Straße **In der Bredenau** in den schönen Ort Fischerhude ～ geradeaus über die Querstraße vor der Kirche und auf dem Radweg links an der Kirche und an dem **Heimathaus** vorbei ～ danach rechts auf die Straße.

Fischerhude

8 In die nächste Straße links, dann geradeaus über die Kreuzung.

nächsten Weg nach rechts, Sie sind hier wieder auf der Hauptroute.

Auf der Hauptroute fahren Sie auf der Straße **In der Bredenau** bis zum Ende des Ortes ～ **9** Sie biegen beim **Otto Modersohn Museum** links ab ～ weiter auf dem Wirtschaftsweg über den Nordarm der Wümme ～ am Waldrand entlang

Windmühle in Quelkhorn

〰 in dem kleinen Wäldchen zweigen Sie an der Wegkreuzung rechts ab.

VARIANTE Der Lüneburger Heide-Radweg führt an dieser Kreuzung geradeaus weiter in den Ort Quelkhorn. Diese Route kann als Asphalt-Variante gewählt werden. Sie ermöglicht auch einen Besuch der etwas oberhalb der umgebenden Moorlandschaft liegenden Windmühle, die sehr schön renoviert ist.

Variante über Quelkhorn   3,5 km

Sie fahren an der Wegkreuzung geradeaus auf dem breiten Asphaltweg 〰 in Quelkhorn an der Querstraße rechts.

42

AUSFLUG

Wer einen Abstecher zur sehenswerten Mühle machen will, der zweigt gleich wieder links ab und folgt dann rechts dem in Richtung Mühle ausgewiesenen Weg. An der Wegkreuzung ist die Mühle nach links bald erreicht.

Quelkhorn

Windmühle Quelkhorn, Am Mühlenberg 24, Besichtigung n. t. V. unter 0423/91710 möglich. Die Mühle – ein Erdholländer aus dem Jahre 1880 – steht auf dem 29 m hohen Mühlberg auf dem heutigen Gelände des Pazival-Hofes, einer Lebens- und Arbeitsgemeinschaft von Menschen mit und ohne Behinderung. Bis 1919 wurde die Mühle betrieben. Nach der Sanierung in den Jahren 1986 und 2000 ist sie heute wieder komplett und funktionstüchtig.

Sie fahren entlang der **L 154** durch den Ort und zweigen nach ca. 350 m links in die **Buchholzer Straße** ab 〰 in der Rechtskurve der Straße nach rechts abzweigen 〰 nach gut 1 km an der Wegkreuzung beim Rastplatz links auf den Radfernweg Hamburg-Bremen, Sie befinden sich wieder auf der Hauptroute.

Auf der markierten Hauptroute fahren Sie am Waldrand entlang 〰 Sie bleiben auf dem Hauptweg und verlassen im Linksbogen den Wald 〰 auf dem Feldweg unter Hochspannungsleitungen hindurch 〰 nach dem Querweg ist der Weg bis zum Gehöft ein kurzes Stück befestigt 〰 an der T-Kreuzung links zur Straße 〰 Sie queren die **L 154** und fahren kurz links entlang der Straße auf dem Radweg 〰 gleich wieder rechts auf den breiten Fahrweg abzweigen 〰 zwischen den Feldern geradeaus 〰 **10** nach der Wegkreuzung an einem Rastplatz vorbei 〰 an der Gabelung rechts halten 〰 unter Hochspannungsleitungen hindurch 〰 am

Kratteichen bei Buchholz

AndersRum (Karte 5): Auf dem Radweg nach Dipshorn.

Dipshorn
Am Ortsrand nach dem kleinen Wäldchen nach rechts abzweigen ⌇ leicht bergab radeln Sie nach Buchholz.

Buchholz
An der Kreuzung nach den ersten Häusern links ⌇ 150 m danach links halten ⌇ **11** an der Querstraße erneut links ⌇ kurz danach am Ortsende rechts und zwischen den Feldern immer geradeaus ⌇ nach 1,7 km an der Gabelung links.

Rand von Buchholz an der Querstraße links in die **Otterstedter Straße**.

Buchholz
ℹ Tourist-Information Tarmstedt, Hepstedter Str. 9, 27412 Tarmstedt, ☎ 04283/8937919

✿ Der **Ilexhain** umfasst ca. 30 Stechpalmen. Hier befinden sich auch die urwüchsigen, verschlungen verwachsenen **Kratteichen**.

11 Nach 200 m rechts in die Straße **Am Berg** ⌇ auf der Pflasterstraße bis zur Querstraße, dort rechts und dem Verlauf der **Dipshorner Straße** folgen ⌇ bis Dipshorn geht es leicht bergauf ⌇ an der Vorfahrtsstraße nach links.

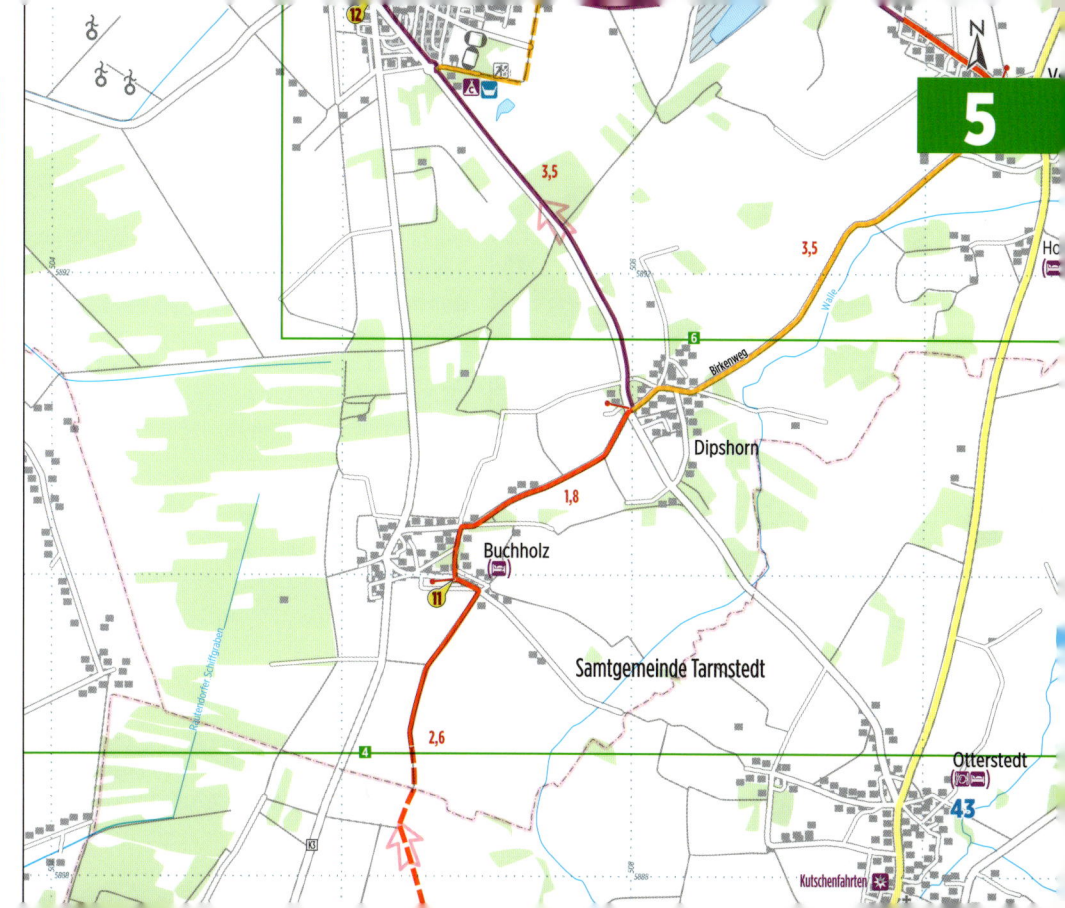

St.-Petri-Kirche, Wilstedt

Dipshorn

VARIANTE Der Lüneburger Heide-Radweg verläuft an dieser Stelle geradeaus durch Disphorn in Richtung Vorwerk. Diese Route ist in der Karte als unkommentierte Variante eingezeichnet und kann als Abkürzung gewählt werden.

Auf dem Radfernweg Hamburg-Bremen fahren Sie rechts der Straße auf einem Radweg nach Wilstedt ⌇ am Ortsanfang am Kreisverkehr geradeaus auf der **Dipshorner Straße** weiter.

VARIANTE Wenn Sie am Kreisverkehr rechts abbiegen, gelangen Sie zum Campingplatz und zum Freibad. Sie können die in der Karte dargestellte Variante auch für eine Umfahrung des Ortes Wilstedt nutzen.

Nach dem leichten Linksknick der Straße rechts auf die **Buchholzer Straße** einbiegen.

Wilstedt

PLZ: 27412; Vorwahl: 04283

🛈 **Gemeinde Wilstedt**, Am Brink 2, ✆ 5080, www.wilstedt.de

🏛 **Heimathaus**. Im ehemaligen Bahnhof finden regelmäßige Kulturveranstaltungen statt. Infos über den Heimatverein, Herr Wobbe, ✆ 5178.

🏛 **St.-Petri-Kirche** (1722), ✆ 982012. Der Vorgängerbau der Wilstedter Kirche stammt aus dem 12. Jh. Besonders sehenswert sind das prächtige Sandsteinportal am Haupteingang und die Schriftplatte über der Tür zur Sakristei, beides Arbeiten des Bremer Steinbildhauers Matthias Bödeker.

✉ beheiztes **Freibad**, An der Reitbahn, ✆ 5355, mit Restaurant

🚲 **Zweirad-Bahrenburg**, Disphorner Str. 1a, ✆ 982105

Bereits im Jahre 860 wurde der Ort Wilstedt – damals noch Willianstede – in einer Schrift „Die Wunderheilungen am Grab Willehads" erstmals erwähnt. Bodenfunde belegen, dass es im

AndersRum (Karte 6): Nach ca. 1 km erreichen Sie durch ein kleines Wäldchen den Ort Winkeldorf ⌇ auf der Straße **Am Eichkamp** zur Kreuzung in der Ortsmitte.

Winkeldorf

13 An der Kreisstraße **K 112** rechts ⌇ 250 m danach links auf den **Ottersberger Weg** abzweigen ⌇ nun immer geradeaus ⌇ nach dem Ende des Asphalts fahren Sie ca. 1,6 km auf einem unbefestigten Weg, überwiegend am Waldrand entlang ⌇ am Friedhof vorbei erreichen Sie Vorwerk.

Vorwerk

Im Ort queren Sie die **L 132**, kurz danach können Sie die Route nach links auf der Variante abkürzen ⌇ ab Ortsende fahren Sie auf dem linksseitigen Radweg entlang der **K 128** ⌇ in Wilstedt links auf die **Löhbergstraße** und ins Ortszentrum.

Wilstedt

12 An der zweiten Kreuzung links auf die **Hauptstraße** ⌇ gleich danach wieder links abzweigen in die **Disphorner Straße** ⌇ immer geradeaus ⌇ nach dem Kreisverkehr verlassen Sie den Ort und folgen dem linksseitigen Radweg.

heutigen Gebiet von Wilstedt auch schon in der Steinzeit menschliche Siedlungen gegeben hat. Trotz der langen Siedlungsgeschichte bestand

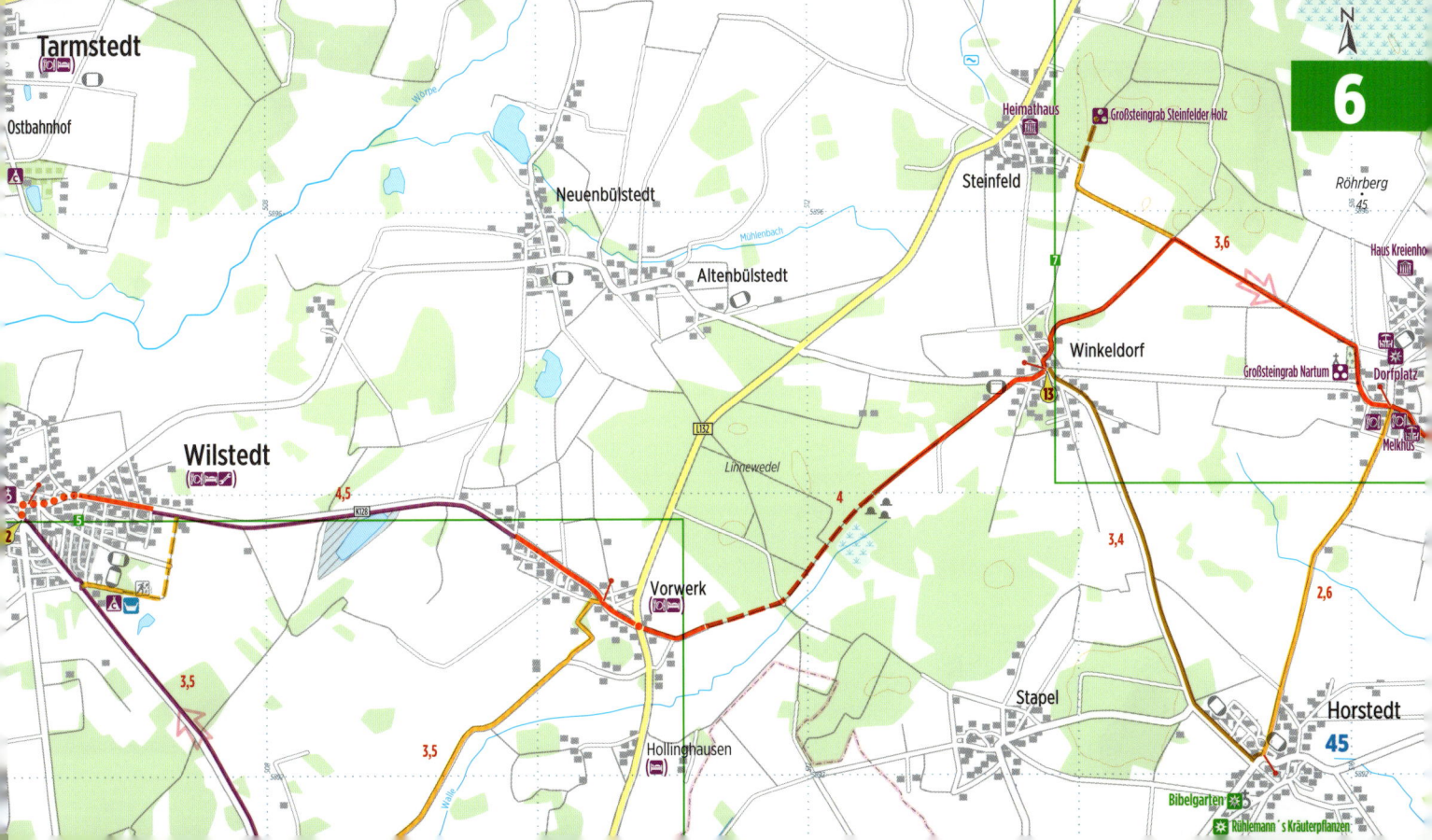

Tarmstedt

Ostbahnhof

Neuenbülstedt

Altenbülstedt

Heimathaus
Steinfeld
Großsteingrab Steinfelder Holz

Röhrberg
45

Haus Kreienho

3,6

Winkeldorf
Großsteingrab Nartum
Dorfplatz
Melkhus

7

13

Wilstedt

Linnewedel

4,5

4

3,4

2,6

5

3

2

K128

7

Vorwerk

3,5

Stapel

Horstedt

45

3,5

Hollinghausen

Bibelgärten

Rühlemann`s Kräuterpflanzen

6

Findling in Vorwerk

der Ort bis ins 19. Jahrhundert nur aus wenigen Höfen. Bahnanbindung und Straßenbau trugen dazu bei, dass Anfang des 20. Jahrhunderts die Einwohnerzahl stieg und heute etwa 1.700 Menschen in Wilstedt leben.

Von Wilstedt nach Nartum   12 km

12 An der Kreuzung im Ortszentrum rechts und auf der **Löhbergstraße** geradeaus ～ an der Straßengabelung nach rechts auf die **Vorwerker Straße** ～ ab Ortsende können Sie rechts auf einem straßenbegleitenden

Radweg radeln und kommen auf diesem in den 3 km entfernten Ort Vorwerk ～ kurz vor der Landesstraße sehen Sie rechts der Straße ein uraltes schönes Fachwerkhaus und einen Findlingsstein.

Vorwerk

In der Mitte des Ortes befindet sich ein ca. 33 Tonnen schwerer Findling. Dieser Granitstein wurde von einem Vorwerker Landwirt auf seinem Feld gefunden.

Sie queren die **L 132** ～ am Ortsende geht der Asphaltweg in einen gepflasterten Weg über ～ am Waldrand entlang, der Weg ist nun unbefestigt ～ Sie folgen dem Weg immer geradeaus, meist am Waldrand, kurze Abschnitte auch durch den Wald ～ zur Rechten liegt das Hohe Moor ～ vor Winkeldorf fahren Sie wieder auf Asphalt ～ im Ort dann an der Vorfahrtsstraße rechts ～ **13** an der Kreuzung mitten im Ort links Richtung Steinfeld.

Winkeldorf

Der Ort liegt auf einem Geestrücken, von einer Moorlandschaft umgeben.

An dieser Kreuzung führt eine beschilderte Variante nach rechts. Sie verläuft über Horstedt, wo Sie sich ausführlich über Kräuter informieren können, nach Nartum und ist 6 km lang. Auf der Hauptroute wird Nartum bereits nach 3,6 km erreicht.

Variante über Horstedt   6 km

An der Kreuzung in der Ortsmitte nach rechts, Sie können den Rad- und Fußweg auf der linken Seite der Straße nutzen ～ .auf dem Radweg entlang der ruhigen Straße erreichen Sie nach 3 km Horstedt.

Haus in Nartum

46

Horstedt

PLZ: 27367; Vorwahl: 04288

- ℹ️ **Kräuterregion Westniederung e. V.**, Johannesklause, Auf dem Berg 9, ☎ 04288/366
- ✿ **Der Bibelgarten** umfasst 13 Stationen, die mit unterschiedlichen Pflanzen, Steinen und Gestaltungen symbolisch auf Themen der Bibel eingehen.
- ✿ **Rühlemann´s Kräuter- und Duftpflanzen**, Auf dem Berg 2, ÖZ: April-Sept., Mo-Sa 10-18 Uhr. Die Gärtnerei ist auf den Anbau von Würz- und Heilkräutern sowie Duftpflanzen spezialisiert.

Horstedt liegt im Zentrum der Kräuterregion Westniederung, die zum Thema Kräuter diverse Führungen, Seminare und weitere Veranstaltungen anbietet. Jährlich findet am 3. Sonntag im Juni in Horstedt ein Kräutertag statt, an dem regionale Kräuter-Produkte angeboten werden und mit Informationsständen und Betriebsführungen Einblick in die Kräuterregion gegeben wird.

An der Kreuzung links ⤳ in die nächste Straße nach links ⤳ Sie folgen nun der ruhigen, leicht hügeligen Allee nach Nartum. ⤳ an der Querstraße nach rechts auf die **Mulmshorner Straße**.

Melkhus Intemann in Nartum

Auf der Hauptroute fahren Sie in Winkeldorf 80 m hinter der Kreuzung rechts in die Straße **Am Eichkamp** ⤳ nach der Linkskurve halten Sie sich rechts Richtung Nartum ⤳ zwischen den Feldern an der nächsten Kreuzung rechts auf den asphaltierten Weg nach Nartum.

AUSFLUG Auf einem Abstecher gelangen Sie zu einem beeindruckenden Großsteingrab. Folgen Sie dafür dem Sträßchen nach links, am Querweg rechts und dann in den Wald. Die Grabanlage ist 1,5 km entfernt.

Großsteingrab Steinfelder Holz

- 🗿 **Großsteingrab Steinfelder Holz.** Die aus gewaltigen Findlingen errichteten Grabkammern sind etwa 4.000 bis 5.000 Jahre alt.

Auf der Hauptroute vor dem Ort rechts auf die **Raiffeisenstraße** und am Friedhof vorbei ⤳ an der **K 112** links und der Straße 250 m folgen.

Nartum

PLZ: 27404; Vorwahl: 04288

- ✿ **Haus Kreienhoop**, Zum Röhrberg 24, ☎ 438. Literaturhaus zu Ehren des Schriftstellers Walter Kempowski, der als einer der bedeutensten deutschen Autoren der 2. Hälfte des 20. Jhs. gilt. Lesungen und Musikabende.
- ✿ **Dorfplatz**, Am Brink. Hier befinden sich die **Natumer Motormühle** (1900), die vom ursprünglichen Standort auf den Dorfplatz umgesetzt wurde, und das **Backhaus** mit ebenfalls umgesetzter Fachwerkscheune.
- 🍽️ **Melkhus Intemann**, Mulmshorner Str. 10, ☎ 257, ÖZ: Ende April bis Anf. Okt., tägl. 11-18 Uhr
- 🗿 **Großsteingrab Nartum**, auch Hünenkeller genannt, wurde in der jungsteinzeitlichen Trichterbecherkultur (etwa 3.000 v. Chr.) errichtet. Die Kammer hatte ursprünglich eine Länge von 5 m, Trag- und Deckenstein sind noch erhalten.

Von Nartum nach Zeven 16 km

Nach dem **Nartumer Hof** in der Linkskurve der **Hauptstraße** geradeaus in die **Mulmshorner Straße**, hier stößt die Variante wieder auf die Hauptroute ∿ vorbei am **Melkhus**.

Entlang des Radfernwegs Hamburg-Bremen kommen Sie hier erstmals direkt an einem Melkus vorbei, einer regionale Besonderheit Niedersachsens.

Melkhus

In dem grünen Holzhaus mit rotem Dach werden regionale Milchprodukte wie Milchmixgetränken, Quarkspeisen und andere Köstlichkeiten angeboten. In den Melkhus-Betrieben kann der Radfahrer in der Saison täglich von 11 bis 18 Uhr eine Rast einlegen. Die kleinen Häuser mit ihrer einheitlichen Erscheinung sind leicht zu erkennen. Das erste Melkus wurde 2001 gegründet. Inzwischen ist der Name „Melkhus" ein eingetragenes Markenzeichen, das für die fast 80 Betriebe bestimmte Vorgaben definiert.

Kurz nach dem Melkhus links in die Straße **Auf dem Berge** ∿ 14 an der Hauptstraße kurz links und gleich wieder rechts in die **Nordstraße**.

An dieser Stelle zweigt erneut eine beschilderte Variante ab, sie führt über Gyhum und trifft in Wehldorf wieder auf die Hauptroute.

Variante über Gyhum 7,5 km

In Nartum an der **K 112** nach rechts ∿ auf dem Radweg neben der Kreisstraße fahren Sie vorbei am Nartumer Moor ∿ an der **B 71** erst über die Straße und dann nach links, Sie fahren auf dem rechtsseitigen Radweg ∿ vor dem Ort **Sick** nach rechts in Richtung Gyhum.

Gyhum

PLZ: 27404; Vorwahl: 04286

St.-Margarethen-Kirche, Eichenstr. 2, ☎ 04286/1036. Die Sehenswürdigkeit des Ortes ist die einschiffige St.-Margarethen-Kirche, deren Kernbau gut 1.000 Jahre alt ist. Der Fachwerkturm des Feldsteinbaus stammt von 1690.

In der Ortsmitte an der Kreuzung nach links ∿ auf der **Königsallee** verlassen Sie den Ort ∿ nach 2 km an der Vorfahrtsstraße rechts ∿ in die nächste Straße nach rechts und weiter auf der Hauptroute.

AndersRum (Karte 7): Im Ort **Osenhorst** an der Kreuzung rechts ∿ auf der Allee weiter, bald queren Sie den Osenhorster Bach ∿ auf der **Oenhorster Straße** nach Wehldorf.

Wehldorf

An der Bundesstraße rechts, hier zweigt eine beschilderte Variante nach links ab ∿ 15 gleich wieder links in die **Blöckenstraße** ∿ nach 600 m in die erste Straße nach links ∿ Sie radeln wieder zwischen Feldern und kommen dann durch das Stellingsmoor nach Narum ∿ am Ortsanfang links auf die **Nordstraße** ∿ an der **Hauptstraße** kurz links, 14 dann gleich wieder rechts in die Straße **Auf dem Berge** ∿ an der T-Kreuzung rechts und vorbei am **Melkhus** ∿ auf der **Mulmshorner Straße** stoßen Sie auf die **Hauptstraße**, hier links.

Nartum

Vorbei am Nartumer Hof ∿ in der Linkskurve der Straße zweigen Sie nach rechts ab ∿ nach dem Friedhof an der Kreuzung links auf die Asphaltstraße ∿ am Waldrand an der Kreuzung links.

Wehldorf

Auf der Hauptroute fahren Sie am Ortsende von **Nartum** rechts und kommen durch das Stellingsmoor nach Wehldorf ∿ an der T-Kreuzung rechts in den Ort.

48

Badenhors

Osenhorst

4,7

Osenhorster Bach

Burg Elsdorf

Aue-Wehde

8

Wehldorf

15

2,5

K141

371

Gyhum

Sick

Stellingsmoor

Bahnhof Gyhum

5

Nartumer Moor

Hesedorf

Bsteingrab Steinfelder Holz

Röhrberg

45

A1

Haus Kreienhoop

Bockel

5

3,6

Wieste

Großsteingrab Nartum

14

Dorfplatz

orf

Nartum

Melkhus

Wehldorf

15 An der **B 71** rechts und gleich danach wieder links, hier stößt die Variante wieder auf die Hauptroute ～ hinter Wehldorf leicht bergab ～ über den **Osenhorster Bach** ～ auf der Allee nach **Osenhorst** ～ im Ort an der Kreuzung links in Richtung Wistedt ～ unter den Hochspannungsleitungen hindurch, wenig später die Bahnlinie queren ～ an der T-Kreuzung rechts auf dem auf dem **Osenhorster Weg** nach Wistedt ～ **16** an der Kreuzung nach links ins Ortszentrum.

Wistedt

🚲 **Fahrradgeschäft Peters**, Bremer Str. 3, ✆ 04182/3538

VARIANTE Ab Wistedt verläuft der Radfernweg Hamburg-Bremen etwa 10 km auf einem Radweg entlang der Bundesstraße und steuert mit Zeven und Heeslingen zwei etwas größere Städte an. Der Lüneburger Heide-Radweg führt bis Freyersen auf einer anderen, sehr ruhigen Route über Frankenbostel. Diese Strecke ist als unkommentierte Variante in der Karte verzeichnet und kann als Abkürzung genutzt werden.

AndersRum (Karte 8): In Zeven am Ende der **Langen Straße** an dem Brunnen vorbei ～ **17** Sie queren an der Ampelkreuzung die Straße und fahren links über den **Vitus-Platz** in die Straße **Auf dem Quabben** ～ entlang der **L 131** verlassen Sie den Ort und radeln nach Wistedt.

Wistedt

16 An der Kreuzung am Ortsende rechts, an der nachfolgenden Gabelung links.

Der Radfernweg Hamburg-Bremen verläuft auf dem Radweg entlang der **B 131** durch Wistedt ～ immer weiter dem Radweg folgen ～ vorbei an **Aspe**, ab hier bis Zeven ist der Radweg neu asphaltiert ～ geradeaus in das Ortszentrum von Zeven ～ **17** an der Ampelkreuzung rechts über den **Vitus-Platz** an dem Brunnen vorbei – hier wie auch später in der Fußgängerzone sind im öffentlichen Raum Zevens zahlreiche Kunstwerke zu finden ～ vom Platz links in die Fußgängerzone, die für Radfahrer freigegeben ist ～ auf der **Langen Straße** geradeaus.

Zeven

PLZ: 27404; Vorwahl: 04281

ℹ️ **Tourist-Information Zeven**, Am Markt 4, ✆ 716106, www.zeven.de, www.verkehrsverein-zeven.de

Haus in Freyersen

❋ Es werden mehrere **Stadtführungen** mit unterschiedlichen Themenschwerpunkten angeboten. Informationen bei der Tourist-Information unter ☎ 716106.

🅰 **Großes Holz**. Das beliebte Waldgebiet befindet sich westlich von Zeven. Neben einem Picknickplatz mit Schutzhütte und Grillmöglichkeit gibt es einen Abenteuerspielplatz, einen Walderlebnis-, einen Waldlehr- und einen Trimm-Dich-Pfad.

☐ **Aqua Fit**, Goethestr. 3, ☎ 2787, Erlebnisbad mit Saunabereich

☐ **Naturbad Zeven**, Sonnkamp, ☎ 3655, ÖZ: Mo-Fr 13-10 Uhr, Sa, So/Fei 11-19 Uhr und in den Ferien tägl. 11-20 Uhr

🚲 **Fahrradscheune**, Molkereistr. 13, ☎ 959081

🚲 **Manni's Fahrradladen**, Bahnhofstr. 31, ☎ 2409

Die lebendige Kleinstadt, zentral gelegen zwischen Hamburg und Bremen, wurde erstmals

im Jahre 986 n. Chr. urkundlich erwähnt. Doch schon mehrere Jahrtausende zuvor war die Region um Zeven besiedelt, wie die Funde von stein- und bronzezeitlichen Hügelgräbern belegen.

Im 17. Jahrhundert, nach dem Dreißigjährigen Krieg, gehörte der Ort für mehr als 50 Jahre dem Königreich Schweden an und ging Anfang des 18. Jahrhunderts in den Besitz des Kurfürstentums Hannover über.

Nachdem im 19. Jahrhundert die Bevölkerungszahl aufgrund von Choleraepidemien und den Auswanderungswellen nach Amerika stagnierte, verdoppelte sich die Anzahl der Einwohner nach dem Zweiten Weltkrieg durch den Zuzug von Flüchtlingen in kürzester Zeit von rund 3.000 auf ca. 6.000 Einwohner. Aufgrund des dadurch ausgelösten Wohnungsmangels wurde der Ort in den Nachkriegsjahren großflächig ausgebaut und entwickelte sich außerdem zu einem regional bedeutenden Industriestandort. Mittlerweile zählt die Stadt über 13.400 Einwohner.

Von Zeven nach Sittensen   **23 km**

Am Ende der Fußgängerzone am Rathaus vorbei und nach rechts in die **Bäckerstraße** 〰 erst fahren Sie auf der Radspur, ab Ortsende auf dem linksseitigen straßenbegleitenden Radweg entlang der **L 124** 〰 nach 4 km erreichen Sie Heeslingen 〰 am Ortseingang wechseln Sie auf den Rad- und Fußweg rechts der Straße.

Heeslingen
PLZ: 27404; Vorwahl: 04281

🏛 **Heimatmuseum**, Bremer Str. 2, ☎ 04287/1231, ÖZ: n. V. in dem Zweiständer-Fachwerkhaus von 1864 befinden sich ländliche Arbeits- und Alltagsgegenstände aus vergangenen Tagen.

🔖 **St. Viti** (etwa 961). Die romanische Feldsteinkirche ist die älteste Kirche zwischen Elbe und Weser. Der neugotische Turm stammt von 1894. Bis 1144 gehörte diese Kirche zum Kloster, das dann nach Zeven verlegt wurde.

❋ **Melkhus Heeslingen**, Zum Kreuzkamp 1, ☎ 4650

☐ **Freibad**, Bremer Str. 2, ☎ 4184

🚲 **Zweiradcenter Fricke**, Marktstr. 10, ☎ 950171

Im Jahre 961 wurde in Heeslingen, durch den Bremer Erzbischof Adaldag, ein Frauenkloster gegründet, das dem Heiligen Vitus geweiht war. Durch den Erhalt des Marktprivilegs im Jahre 1038, dem Recht alljährlich einen Markt abzuhalten, entwickelte sich Heeslingen im frühen Mittelalter zu einem bedeutenden Ort. Auch das Kloster vergrößerte in dieser Zeit seinen Einfluss und sein Reichtum. Doch auch die Disziplinlosigkeit im Kloster nahm zu. Um dem unfrommen Treiben Einhalt zu gebieten, veranlasste der Propst Liutmund im Jahre 1141 das Kloster in das 5 km entfernte, abgeschiedene Zeven zu verlegen.

18 An der Kreuzung im Ortszentrum rechts in die **Kirchstraße** ⁓ im Bogen um

Hotel zur Klostermühle in Kuhmühlen

die Kirche herum und auf dem Radweg entlang der **Klosterstraße** nach Osterheeslingen.

Osterheeslingen

Der Straße im Rechtsbogen durch den Ort folgen ⁓ nach den Schienen bei den Häusern nach rechts auf den Wirtschaftsweg abzweigen ⁓ an der Querstraße rechts, links liegt der Ortskern von Weertzen mit schönen alten Bauernhäusern.

Weertzen

✱ **Ostehof Weertzen**, ein sehr schönes niedersächsisches Bauernhaus, mit umliegendem Park und Backhaus

Gleich nach der Brücke in den nächsten Abzweig nach links in Richtung Sportplatz ⁓ im Wald im Linksbogen, dann über eine Brücke ⁓ nach der Brücke auf dem unbefestigten Fahrweg weiter ⁓ bei den Häusern ist der Weg wieder asphaltiert ⁓ an der Straße nach rechts in den Ort.

Freyersen

TIPP In Freyersen stößt der Lüneburger Heide-Radweg wieder auf den Radfernweg Hamburg-Bremen.

Köhlerhütte bei Sittensen

19 In der Rechtskurve der Hauptstraße links in den **Eichenweg** und danach rechts in den **Volkenser Weg** ⁓ zwischen den Feldern entlang und kurz durch ein Waldstück ⁓ Sie fahren immer geradeaus durch die abwechslungsreiche Landschaft ⁓ an der **K 126** links und auf dem Radweg Richtung Groß Meckelsen ⁓ Sie überqueren die **Oste**, danach durch den Wald ⁓ an der Kreuzung mit der **L 142** geradeaus auf dem **Kuhmühler Weg** ⁓ nach dem Rechtsknick dem Schild rechts entlang des Teiches durch das pittoreske **Kuhmühlen** folgen.

Heimathaus Sittensen

Kuhmühlen

✳ **Kloster-Mühle**, Kuhmühler Weg 7, ☎ 04282/594190, zum Hotel-Restaurant ausgebaut

Bereits im 15. Jahrhundert wurde der Kuhbach zum Mühlenteich aufgestaut und eine Wassermühle errichtet. In dieser Zeit entstand auch eine Wasserburg, die heute aber nicht mehr erhalten ist.

20 Am Ende des Sees rechts durch den Wald ⁓ an der Vorfahrtsstraße **K 123** links Richtung Klein Meckelsen ⁓ auf dem Radweg über die Bahn.

Klein Meckelsen

Im Ort vor dem leichten Rechtsknick der Straße rechts in den Weg **Klosterhörn** ⁓ Sie folgen dem Asphaltweg an den Abzweigen vorbei ⁓ bei den Häusern nach rechts ⁓ der Weg ist für einen kurzen Bereich gepflastert ⁓ **21** nach dem kleinen Wäldchen fahren Sie im Linksbogen der Asphaltstraße geradeaus auf den unbefestigten Weg ⁓ auf dem Fahrweg geradeaus ⁓ bei der Bank im Rechtsbogen auf den schmalen Weg ⁓ auf der Brücke queren Sie das Flüsschen **Ramme** ⁓ hinter der Brücke bei der Bank folgen Sie dem nun wieder breiteren Weg nach rechts ⁓ an einer **Köhlerhütte** vorbei ⁓ nach einer langgezogenen Linkskurve kommen Sie nach Sittensen ⁓ am Zaun links auf den Spurplattenweg und an der Gewürzmühle und der LKW-Firma vorbei ⁓ **22** an der Vorfahrtsstraße rechts, linksseitig verläuft ein breiter Rad- und Gehweg, auf den Sie ausweichen können ⁓ über die **A 1** ⁓ links der Straße **Am Sportplatz** folgen ⁓ an der Vorfahrtsstraße rechts auf den Radweg, Sie sind nun in Sittensen ⁓ über die Bahn und weiter auf dem Radweg entlang der **L 130** ins Zentrum von Sittensen ⁓ geradeaus über die Ampelkreuzung zum Markt.

AndersRum (Karte 10): In Sittensen am Marktplatz nach rechts auf die Ortsstraße und auf dem Radweg entlang der **L 130** ⁓ über zwei Ampelkreuzungen ⁓ über die Schienen ⁓ 400 m danach und vor dem Autohaus links abzweigen und am Sportplatz vorbei ⁓ im Rechtsbogen zur Brücke und über die Autobahn **A 1** ⁓ **22** in die nächste Straße links ⁓ an der Gabelung rechts ⁓ auf dem breiten Weg in einer langgestreckten Rechtskurve ⁓ an einer **Köhlerhütte** vorbei ⁓ bei der Bank links und über das Flüsschen **Ramme** ⁓ nach dem Rechtsbogen ist der Weg sehr schmal ⁓ bei der Bank am Feldrand nach links auf den Fahrweg ⁓ **21** geradeaus auf das Asphaltsträßchen ⁓ an der Querstraße links nach Klein Meckelsen.

Klein Meckelsen

An der **Dorfstraße** links ⁓ nach der Bahnlinie nach rechts abzweigen und auf dem Radweg in den Wald ⁓ **20** im Linksbogen zum Klostersee und am Hotel vorbei.

Kuhmühlen

Sie halten sich links, auf dem **Kuhmühler Weg** zur **L 142**, die Sie queren ⁓ weiter auf dem **Volkenser Weg** ⁓ nach dem Verlassen des Waldes über die **Oste** und weiter auf dem Radweg ⁓ am Ende des Wäldchens rechts abzweigen ⁓ am Ortsrand von Freyersen links auf den **Eichenweg** ⁓ **19** an der Vorfahrtsstraße nach rechts.

Freyersen

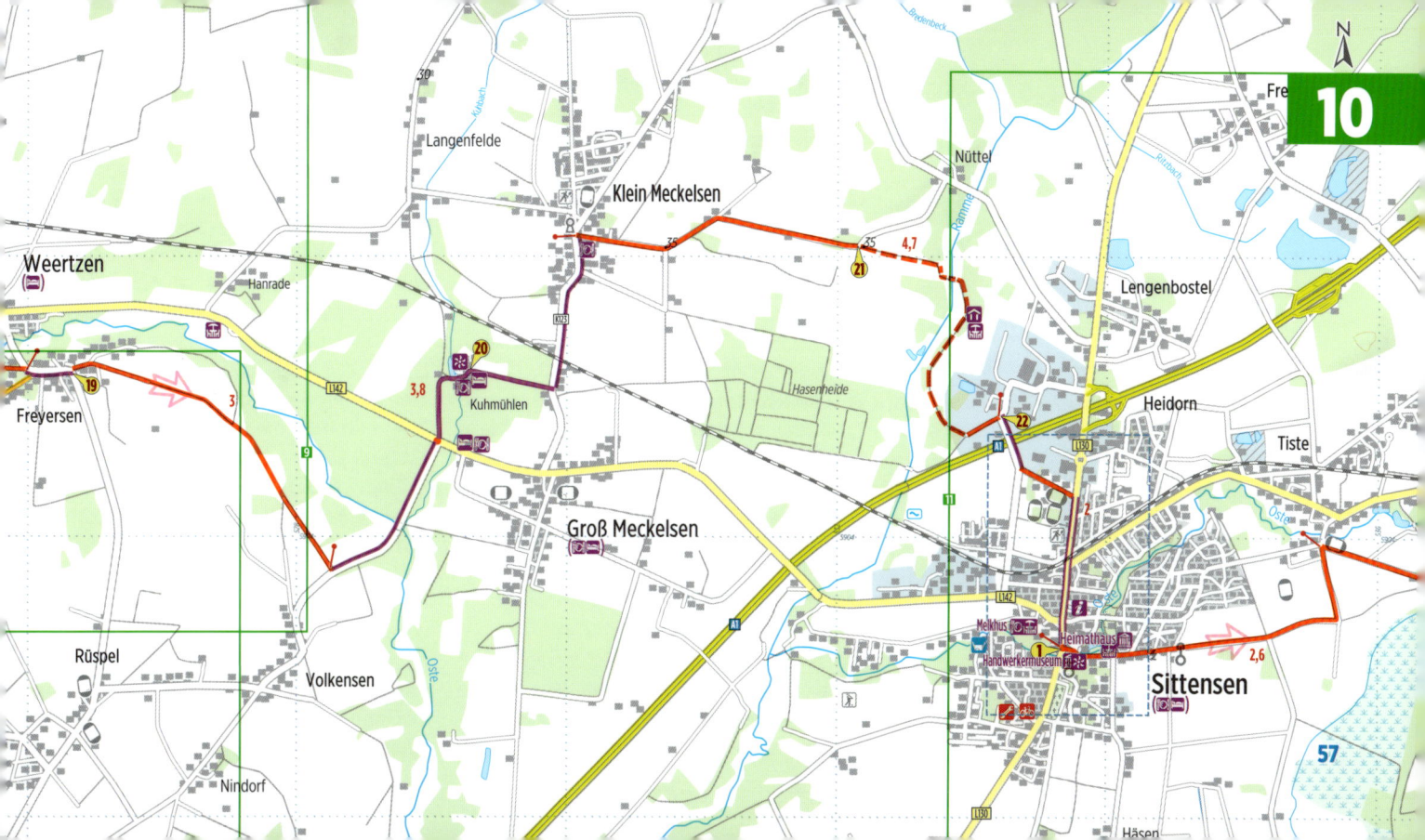

N

Freι

Langenfelde

Weertzen

Hanrade

Klein Meckelsen

Nüttel

Lengenbostel

30

30

35

4,7

21

Freyersen

19

3

9

L142

3,8

20

Kuhmühlen

Hasenheide

Heidorn

Tiste

22

L130

A1

2

Groß Meckelsen

Rüspel

Volkensen

Oste

S904

11

L142

Melkhus

Handwerkermuseum

1

Heimathaus

Sittensen

2,6

A1

Nindorf

L130

S904

57

Häsen

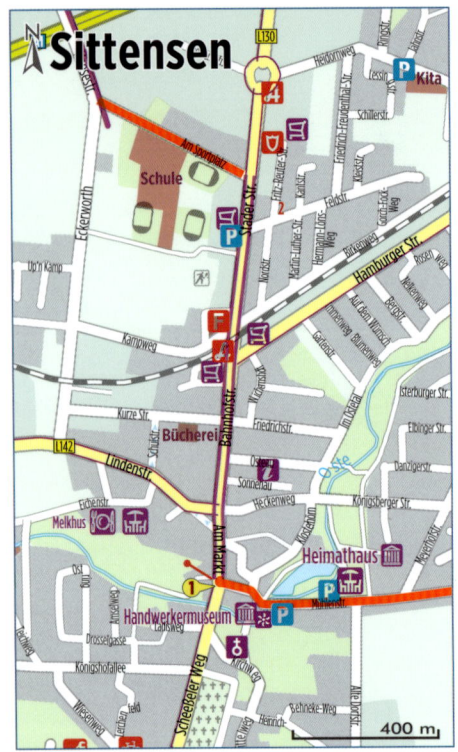

Sittensen

PLZ: 27419; Vorwahl: 04282

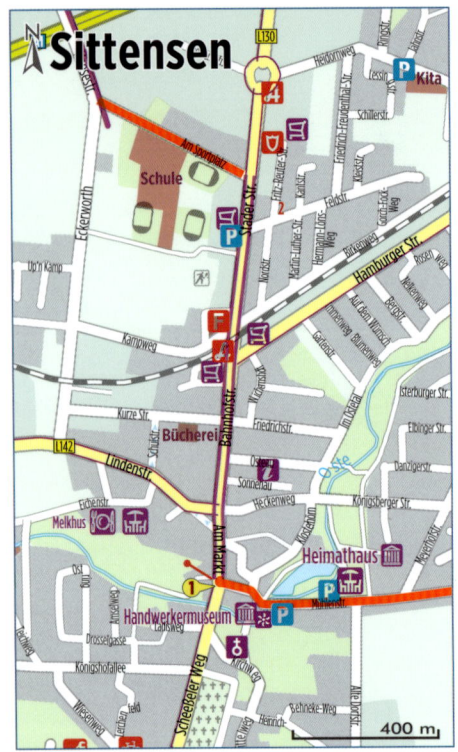 **Tourist-Information,** Am Markt 11, ☎ 93001650, www.sittensen.de

Heimathaus mit Backhaus, Speicher und Schafstall, ☎ 93001650, ÖZ: n. t. V.

Handwerkermuseum, Mühlenstr. 8a, ☎ 93001653, ÖZ: Sa 15-17 Uhr, So 14-18 Uhr. Das in der alten Wassermühle untergebrachte Museum zeigt die alte Mühltechnik und informiert an originalgetreuen Werkstätten über altes Handwerk wie z. B. Schmiede und eine Stellmacherei.

St. Dionysius, Kirchweg, der Kirchturm von 1909 ersetzt einen Vorgängerbau von 1680 und ist Wahrzeichen der Gemeinde Sittensen.

Wassermühle (16. Jh.), ursprünglich war das Mahlwerk von zwei Mühlrädern angetrieben. Nordöstlich der Mühle befindet sich der von der Oste gespeiste Mühlenteich.

Melkhus Sittensen, Eichenstr. 5, ÖZ: Ende April bis Anf. Okt., tägl. 11-18 Uhr

Freibad (beheizt), Am Waldbad, ☎ 1245

Zweiradcenter Papst, Hamburger Str. 7, ☎ 4181

Der zentrale Platz des Ortes ist der historische Dorfkern, er befindet sich bei der Wassermühle und der Kirche. Hier gab es in früheren Zeiten viele kleine handwerkliche Betriebe, zum Beispiel eine Sattlerei, Bäckerei, Tischlerei und Schmiede. Bis Anfang des 20. Jahrhunderts war Sittensen von der Landwirtschaft geprägt. Die Geschicke der Börde Sittensen hat über Jahrhunderte die hier als Landadel ansässige Familie Schulte bestimmt. Sie besaß große Ländereien und ihnen gehörten die Gutshöfe in Kuhmühlen, Vierden und Burgsittensen. Im 14. Jahrhundert erhielt die Familie Schulte von den meisten Bauern der Börde Sittensen Abgaben. Dietrich Schulte, der 1591 das Gut Burgsittensen gegründet hat, war einer der angesehensten und reichsten Männer im Erzbistum Bremen. Er ließ unter anderem die Kirche in Sittensen erbauen.

Anfang des 20. Jahrhunderts gewann Sittensen durch die Bahnanbindung an Hamburg, Bremen und das Ruhrgebiet zunehmend wirtschaftliche Bedeutung. Verstärkt wurde diese Entwicklung 1937 mit der Eröffnung der nördlich des Ortes verlaufenden Autobahn mit Anschluss nach Hamburg und Bremen. Jetzt siedelten sich aufgrund der guten Verkehrsanbindung verstärkt Industrie- und Gewerbetriebe an. Der Ort zählt heute etwa 5.000 Einwohner.

Von Sittensen nach Hamburg

63 km

Vorbei am Mühlenteich und Heimathaus verlassen Sie Sittensen. Schon bald können Sie auf einem Abstecher zum Tister Bauernmoor ein Naturhighlight angesteuern. Die einzigartige Moorlandschaft ist Rastplatz von tausenden Vögeln, eine besondere Attraktion ist im Frühjahr und im Herbst die Beobachtung der Kraniche. Hinter dem historisch geprägten Ort Hollenstedt, wo einst der berühmte Boxer Max Schmeling gelebt hatte, erreichen Sie die Appeler Teiche. Die Fischteiche sind nicht nur eine landschaftliche Perle, sie bilden auch die Quelle der regionalen Spezialität „Heideforelle". Vor den Toren Hamburgs durchqueren Sie im Rosengarten und den Harburger Bergen das einzige wirklich größere Waldgebiet der gesamten Tour. Hier erreichen Sie die höchste Erhebung der Route, 155 Meter über NN. Das Freilichtmuseum am Kiekeberg und der Wildtierpark Schwarze Berge sind lohnenswerte Ziele, bevor Sie das Hamburger Stadtgebiet erreichen. Auf der Alten Harburger Elbbrücke queren Sie die Süderelbe und tauchen dann ein in das städtische Treiben der großen Metropole.

Auch im zweiten Teil der Tour radeln Sie überwiegen auf asphaltierten ruhigen Straßen oder Radwegen. Hinter Heidenau gibt es einen 1 Kilometer langen Abschnitt auf holprigem Kopfsteinpflaster, später wird es etwas sandig. Im Staatsforst Rosengarten und in Hamburg fahren Sie meist auf straßenbegleitenden Radwegen, müssen aber mit Verkehrslärm rechnen. Im mittleren Bereich der Etappe kommen mehrere leichte Steigungen vor.

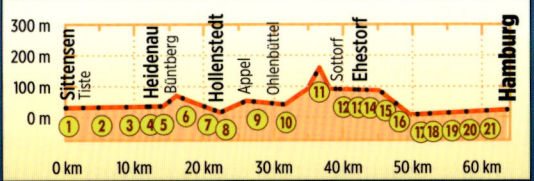

59

auf dem Bauernhof herzlich willkommen.

2 An der Straße nach links und über die Brücke. AUSFLUG Unbedingt empfehlenswert ist ein Abstecher zur Aussichtsplattform im Tister Bauernmoor. Im Spätherbst rasten in den beeindruckenden Moorflächen tausende Kraniche. Für diesen Abstecher zweigen Sie am Rastplatz rechts von der Hauptroute ab.

Este bei Hollenstedt

Zum Tister Bauernmoor 1,7 km

Sie fahren am Rastplatz rechts vorbei zur **L 142** ~ rechts auf dem geschotterten Weg entlang der Straße ~ nach gut 200 m rechts zum Moorbahnhof abzweigen ~ auf dem mit Rindenmulch ausgestreuten Weg erreichen Sie nach weiteren 1,2 km am Ende des Weges den überdachten Vogel-Beobachtungsturm.

Tister Bauernmoor

🛈 Haus der Natur, 📞 04282/911511. Das Informationszentrum gibt Auskunft zur Entstehung des Moors, zum Torfabbau, zur Renaturierung sowie zur Pflanzen- und Tierwelt im Moor. Im Haus der Natur befindet sich ein Café, ÖZ: März-Mitte Dez., So/Fei, ab 14 Uhr.

✷ Moorbahn, Fahrten von April-Okt., So/Fei tägl. 13.30 Uhr und 15.30 Uhr, Fahrzeit 1 ½ Std., Anmeldung und Infos zu weiteren Fahrten unter 📞 04282/911509

♿ Der Aussichtsturm ist 6,5 m hoch und überdacht.

Das etwa 570 Hektar große Tister Bauernmoor ist 2002 zum Naturschutzgebiet erklärt worden. Das ehemalige Hochmoor mit den weiten Wasserflächen – in der Zeit von 1931 bis 1999 wurden große Torfflächen gewerblich abgebaut

Freibad Hollenstedt

und anschließend vernässt – bietet einer Vielzahl von Vögeln verschiedenster Arten beste Bedingungen zum Rasten und Brüten. Etwa 43 Vogelarten sind in diesem Gebiet zu finden, z. B. der Seeadler, der Rot- und Schwarzmilan und der Baumfalke. Im Frühjahr und im Spätherbst bietet das Tister Bauernmoor in den Abendstunden ein ganz besonderes Naturschauspiel, denn das Naturschutzgebiet ist einer der bedeutendsten Kranichrastplätze in Nordwestdeutschland. Die imposanten Vögel machen hier Zwischenstation, wenn sie auf dem Weg zu ihren Brutplätzen in Skandinavien oder zu ihren Winterquartieren in wärmeren Regionen in Spanien oder Nordafrika sind.

Auf der Hauptroute fahren Sie gleich nach der Brücke nach rechts auf

Sonnenaufgang im Tister Bauernmoor

Appelbecker See

Gottfried verhandelt haben, dessen Heer sich nördlich der Elbe befand.

Ein überaus bekannter Bürger Hollenstädts war Max Schmeling (1905-2005). Der weltberühmte Boxer lebte nach Ende seiner Boxkarriere mit seiner Frau, der deutsch-tschechischen Schauspielerin Anny Ondra, im Hollenstädter Ortsteil Diestorf-Heide. Er wohnte über 50 Jahre in dem kleinen Haus auf einem 87.000 Quardratmeter großen Anwesen.

Von Hollenstedt nach Eversen-Heide   **10 km**

Im Linksbogen der Vorfahrtsstraße nach rechts abzweigen ⁓ gleich danach nach links in die Straße **Am Markt**, dann links zur Kirche ⁓ hinter der Kirche und hinter dem Parkplatz nach rechts auf den Radweg ⁓ Sie kommen zur **Estetalstraße** und zweigen in diese nach rechts ab ⁓ über das Flüsschen Este ⁓ **8** 350 m nach der Brücke zweigen Sie an der Ampelkreuzung links in die **Appeler Straße** ab ⁓ auf dem Radweg entlang der Straße fahren Sie erst sanft bergab und dann wieder etwas hinauf.

AUSFLUG Im Sommer bietet sich das Restaurant in Appelbeck bestens für eine Rast an. Im Biergarten können Sie unter alten Bäumen mit Blick auf den See herrlich entspannen. Für einen Besuch des Ausflugsrestaurants fahren Sie in der Rechtskurve der Straße geradeaus weiter und folgen der in der Karte dargestellten Variante.

Lohnenswert ist auch ein Besuch des Städtchens Moisburg, das Sie nach weiteren 3 km erreichen.

AndersRum (Karte 13): In Ohlenbüttel am Gasthaus vorbei über die Straße ⁓ nun fahren Sie auf dem glatt asphaltierten Weg an Windrädern vorbei nach Oldendorf.

Oldendorf
In Oldendorf an der Kreuzung rechts ⁓ **9** kurz danach wieder rechts abzweigen ⁓ durch die leicht hügelige Landschaft nach Appel ⁓ nach dem Rechtsbogen der Straße fahren Sie links über die Brücke, Sie queren hier die **Appelbeke**.

Appel
An der Querstraße links ⁓ auf dem Radweg entlang der Kreisstraße fahren Sie zwischen den Appeler Teichen hindurch ⁓ danach lohnt rechts ein Abstecher zum Appelbecker See ⁓ entlang der **Appeler Straße** erreichen Sie Hollenstädt ⁓ **8** an der Ampelkreuzung rechts ⁓ 150 m vor der Querstraße den Schildern nach links folgen und am Feld entlang zur Kirche.

Hollenstedt
An der Kirche vorbei zur Straße, in diese nach rechts einbiegen ⁓ in die nächste Straße wieder rechts ⁓ kurz danach links auf die Vorfahrtsstraße ⁓ auf der **Hauptstraße** geradeaus über die Ampelkreuzung ⁓ nach dem Ortsende am Kreisverkehr geradeaus weiter ⁓ **7** in die nächste Straße nach links abzweigen ⁓ dem Straßenverlauf in den Wald folgen.

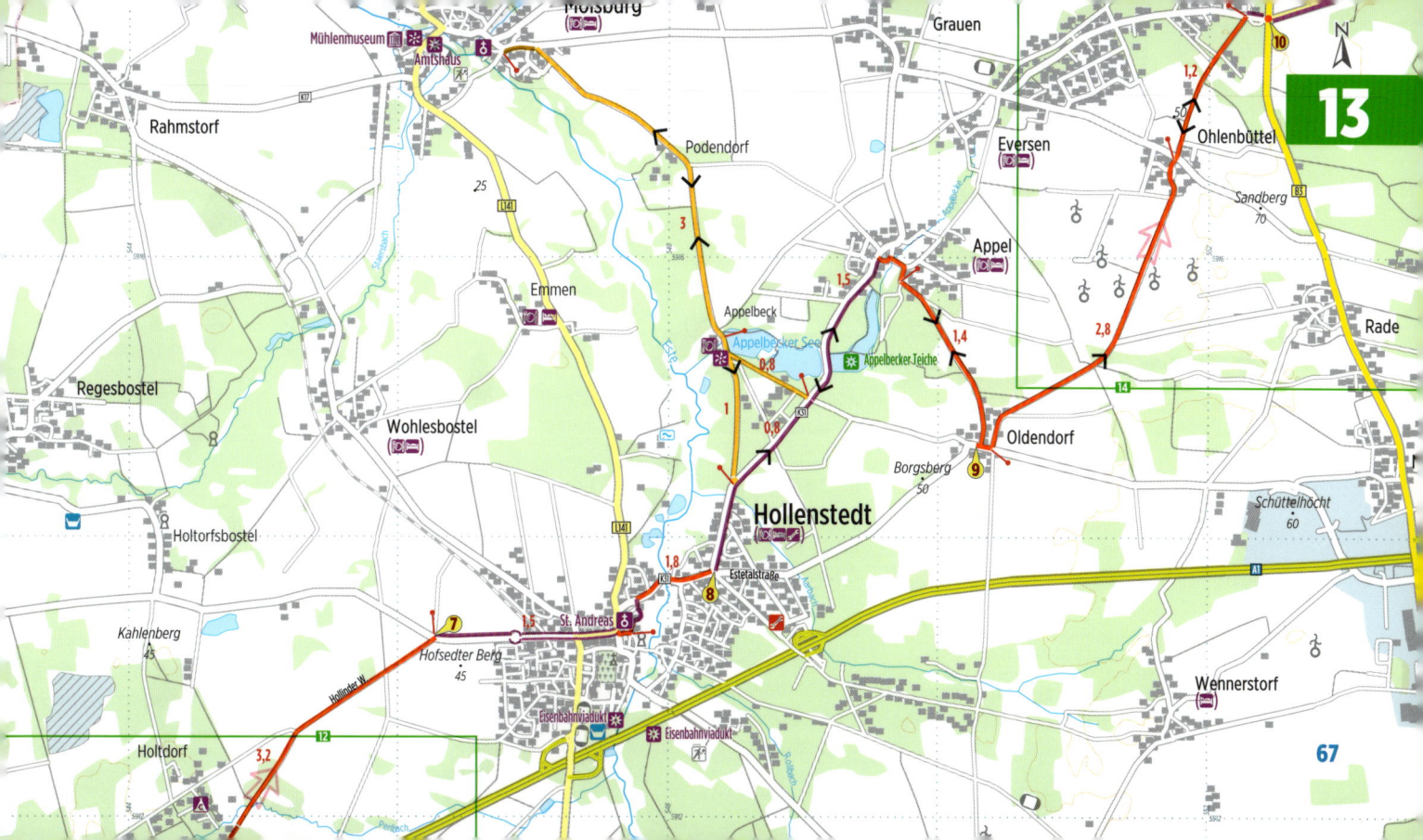

Mölsburg
Grauen

Mühlenmuseum
Amtshaus

Rahmstorf

Podendorf

Eversen

Ohlenbüttel

1,2

Sandberg
70

3

Emmen

Appelbeck
Appelbecker See

Appel

1,5

25

Appelbecker Teiche

1,4

2,8

Regesbostel

Wohlesbostel

0,8

Rade

1

0,8

Holtorfsbostel

Hollenstedt

Borgsberg
50

Oldendorf

9

Schüttelhöcht
60

Kahlenberg
45

1,8

Estetalstraße

St. Andreas

8

Wennerstorf

Hofsedter Berg
45

1,5

12

Holtdorf

3,2

Eisenbahnviadukt

Eisenbahnviadukt

13

67

Amtshaus in Moisburg

Appelbeck

- Appelbeck am See, ☎ 04165/8377, ÖZ: Di-So 10-18 Uhr, am WE auch länger, mit Tretbootverleih
- Die ehemalige **Wassermühle** wurde ca. seit dem 13. Jh. als Papiermühle betrieben. Nach einem Brand entstand Mitte des 19. Jhs. an dieser Stelle eine Kornmühle.

Moisburg

PLZ: 21279; Vorwahl: 04165

- **Wassermühle mit Mühlenmuseum** (1723), Auf dem Damm 10, ☎ 040/7901760, ÖZ: Mai-Okt., Sa und So 11-17 Uhr. Seit 1985 ist sie Teil des Freilichtmuseums am Kiekeberg und beheimatet mehrere Ausstellungen zur regionalen Mühlengeschichte.

Heute dreht sich am Wochenende das schwere Mühlrad und unter den Erläuterungen eines Müllers wird nicht nur Korn gemahlen, sondern auch Amtsmühlenbrot nach altem Rezept gebacken.

- **Pfarrkirche** (1640), eindrucksvolle Malereien aus der Spätrenaissance und sehenswerter Mittelschrein des Schnitzaltars
- **Amtshaus**, Auf dem Damm 5, mit Bibliothek und regelmäßigen Veranstaltungen, Infos unter ☎ 6177

Auf dem Radweg entlang der Kreisstraße fahren Sie zwischen den Appelbecker Teichen hindurch in den Ort Appel.

Appel

- **Appelbecker Teiche**. Die reizvolle Landschaft entlang der Fischteiche ist gut mit Wanderwegen erschlossen.

Im Ortszentrum nach dem leichten Linksknick der Straße nach rechts auf die **Wasserstraße** ∿ über die Brücke, Sie queren hier die **Appelbeke** ∿ an der Querstraße rechts und dem Straßenverlauf nach links folgen ∿ die Landschaft ist nun leicht hügelig.

Oldendorf

9 In Oldendorf an der Querstraße links und an der Kreuzung gleich wieder links abbiegen ∿ nach der leichten Linkskurve halten Sie sich

AndersRum (Karte 14): In **Vahrendorf** an der Querstraße rechts ∿ ab Ortsausgang auf dem linksseitigen Radweg ∿ **12** in **Sottorf** rechts auf die Straße **Zu den Diebeskuhlen** ∿ an der Gabelung links ∿ beim Beginn der Felder nach links auf die Straße **Barkendicke** ∿ an der nächsten Kreuzung rechts ∿ nach gut 1 km endet der Asphalt, nun auf der Waldstraße weiter ∿ kurz danach am Parkplatz **Groß-Modder-Eiche** vorbei ∿ in den nächsten Weg nach links, nun gleichmäßig bergauf ∿ auf dem Waldweg wieder sanft bergab zur Straße ∿ **11** Sie queren die Straße, dann rechts auf dem Radweg ca. 4 km entlang der stark befahrenen Straße.

Eversen-Heide

10 Am Ortsrand über die Ampelkreuzung ∿ in die nächste Straße nach links.

Ohlenbüttel

an der Straßengabelung links ∿ auf dem glatt asphaltierten Weg fahren Sie an Windrädern vorbei nach Ohlenbüttel.

Ohlenbüttel

Geradeaus in den Ort hinein und an den Dorfteichen vorbei ∿ beim Gasthaus geradeaus über die Straße in den asphaltieren Landwirtschaftsweg ∿ nach der Rechtskurve

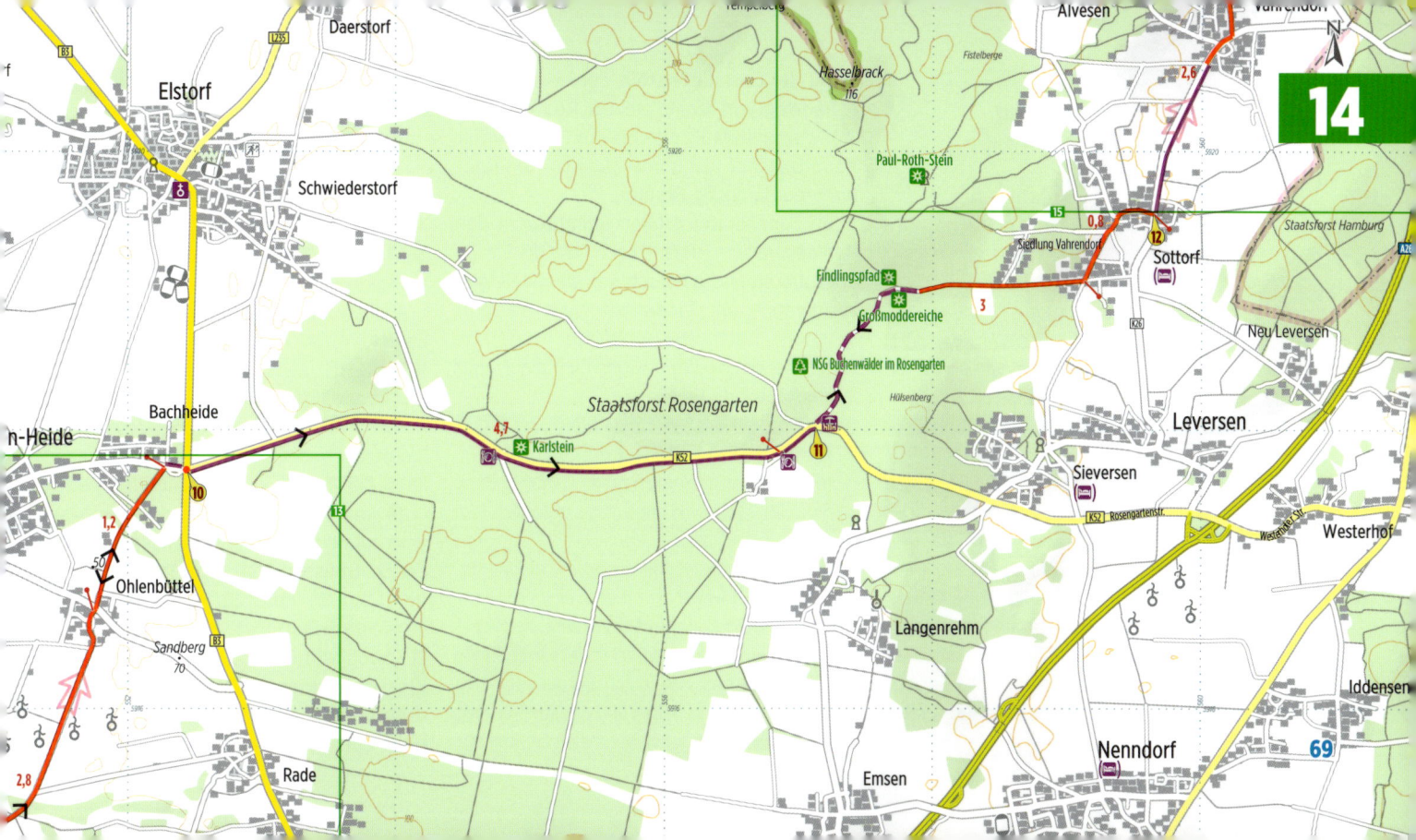

Radweg zwischen Oldendorf und Ohlenbüttel

radeln Sie durch eine Senke ~ Sie erreichen den Ortsrand von Eversen-Heide.

Eversen-Heide

Von Eversen-Heide nach Sattorf   8,5 km

An der Vorfahrtsstraße nach rechts, auf der linken Straßenseite gibt es einen Rad- und Fußweg ~ **10** geradeaus über die Ampelkreuzung, danach auf den straßenbegleitenden Radweg rechts der **K 52** weiter ~ auf diesem Weg fahren Sie 4,5 km neben der recht stark befahrenen Straße durch die leicht hügelige Landschaft, bald schon geht es in den Wald.

TIPP Bei der Gaststätte stößt der Leine-Heide-Radweg von rechts auf die Route. Dieser Radweg verläuft nun bis zum Hamburger Hauptbahnhof fast immer parallel zum Radfernweg Hamburg-Bremen.

11 Im Scheitel der großen Rechtskurve den Radwegweisern folgend nach links die Straße überqueren und halbrechts in den steinigen Waldweg ~ in Windungen geht es sanft bergauf ~ durch eine Hohlgasse ~ die lange Abfahrt endet bei der riesigen Fichte auf einer Waldstraße, hier rechts.

Forst Rosengarten

✱ **Pfindlingspfad Groß-Modder-Eiche**. Im eiszeitlichen Moränengebiet Rosengarten sind viele Findlinge als Ablagerungen zu finden. Der Pfindlingspfad informiert über die Geschichte und Geologie der Findlinge.

Am Parkplatz Groß-Modder-Eiche vorbei, kurz darauf auf Asphalt weiter ~ vorbei an einigen Häuser geradeaus Richtung **Sottorf** ~ an der ersten Kreuzung nach dem Ortseingangsschild links in die Straße **Barkendicke** ~ nach den Feldern bei der beginnenden Bebauung rechts halten und der Straße wenig später in einer Rechtskurve durch den Ort folgen.

Sottorf

✱ **Faslam**, ein alter Brauch, um den Winter zu vertreiben. Er wird jeweils am ersten Februarwochenende zelebriert.

Von Sattorf nach Hamburg, Alte Harburger Elbbrücke   12 km

12 An der T-Kreuzung mit der **K 26** links Richtung Hamburg-Harburg bzw. Vahrendorf ~ auf dem straßenbegleitenden Radweg über Felder, Wiesen und Weiden bis **Vahrendorf**.

Vahrendorf

Im Ort endet der Radweg ~ im Rechtsbogen in den Ort und nach der Ampelkreuzung links Richtung Friedhof ~ am Ortsausgang beginnt links der Straße ein asphaltierter Radweg ~ **13** im Rechtsbogen der Straße bleiben Sie links auf dem Radweg und folgen diesem am **Freilichtmuseum** vorbei ~ anschließend auf dem Radweg weiter zur Straße und dort links in den nächsten Ort.

TIPP Sowohl das Freilichtmuseum, als auch der Wildtiergarten Schwarze Berge sind sehr beliebte Ausflugsziele. Die Räder können nicht auf die Gelände genommen werden.

Vor dem Freilichtmuseum gibt es überdachte Fahrradständer, für das Gepäck stehen Schließfächer bereit.

Ehestorf

PLZ: 21224; Vorwahl: 04108

🏛 **Freilichtmuseum**, Am Kiekeberg 1, ☎ 040/7901760, ÖZ: März-Okt., Di-Fr 9-17 Uhr, Sa, So/Fei 10-18 Uhr, Nov.-Febr. Di-So 10-18 Uhr. Mehr als 30 historische Gebäude und ihre Ausstattung erzählen von der ländlichen Geschichte der Region. Mit Museumsgasthof.

🔷 **Wildpark Schwarze Berge**, Am Wildpark 1, ☎ 040/81977470, ÖZ: April-Okt., 8-18 Uhr, Nov.-März, 9-17 Uhr. Die weitläufige Wald-und Parklandschaft bietet u. a. Hirschen, Wisenten, Bären, Wölfen und Greifvögeln ein Zuhause. Zudem bietet der Park

Freilichtmuseum am Kiekeberg

Flugshows, einen Abenteuerspielplatz, eine Kunsthandwerkerhalle und weitere Attraktionen an.

Im Ort biegen Sie an der Fußgängerampel im leichten Rechtsbogen der Straße rechts ab in den **Harburger Stadtweg** ∼ nach 100 m fahren Sie in der Rechtskurve der Straße bei der **Gaststätte Linde** geradeaus hinunter auf den mittleren asphaltierten Weg ∼ Sie folgen dem Weg durch den Wald ∼ **14** an der **K 74** direkt vor der Autobahn links auf den linksseitigen Radweg und wenig später über die **A 7** ∼ auf dem Radweg weiterhin links neben der Straße, Sie passieren das erste Ortseingangsschild von Hamburg und erreichen den Stadtteil **Eißendorf** ∼ etwa 150 m nach dem Scheitelpunkt der Kurve zweigen Sie links in den Wald ab ∼ auf dem unbefestigten Weg entlang der Häuser ∼ am Sportplatz vorbei weiter durch den Wald ∼ **15** am Buswendeplatz schräg rechts auf die **Heimfelder Straße**.

▌Der Leine-Heide-Radweg zweigt an der Straßenkreuzung nach dem Buswendeplatz links ab und verläuft nördlich der Heimfelder Straße auf einer landschaftlich reizvollen, aber

Wüstenbussard im Wildtierpark Schwarze Berge

zum Teil auch sehr sandigen Route durch den Meiers Park. Die Strecke ist in der Karte als Variante verzeichnet.

Wenn die **Heimfelder Straße** zu Hauptverkehrszeiten stark befahren ist, können Sie rechts auf den Gehweg ausweichen, er ist für Radfahrer freigegeben ∼ **16** an der Kirche und am (unterirdischen) S-Bahnhof Heimfeld rechts auf den **Alten Postweg**, später **Schwarzenbergstraße** ∼ an einem großen Park vorbei und nach gut 1 km in der abschüssigen Rechtskurve der Straße nach links auf den **Harburger Ring** und sofort wieder links in die **Neue Straße** ∼ Sie befinden sich hier in der Innenstadt von Hamburg-Harburg.

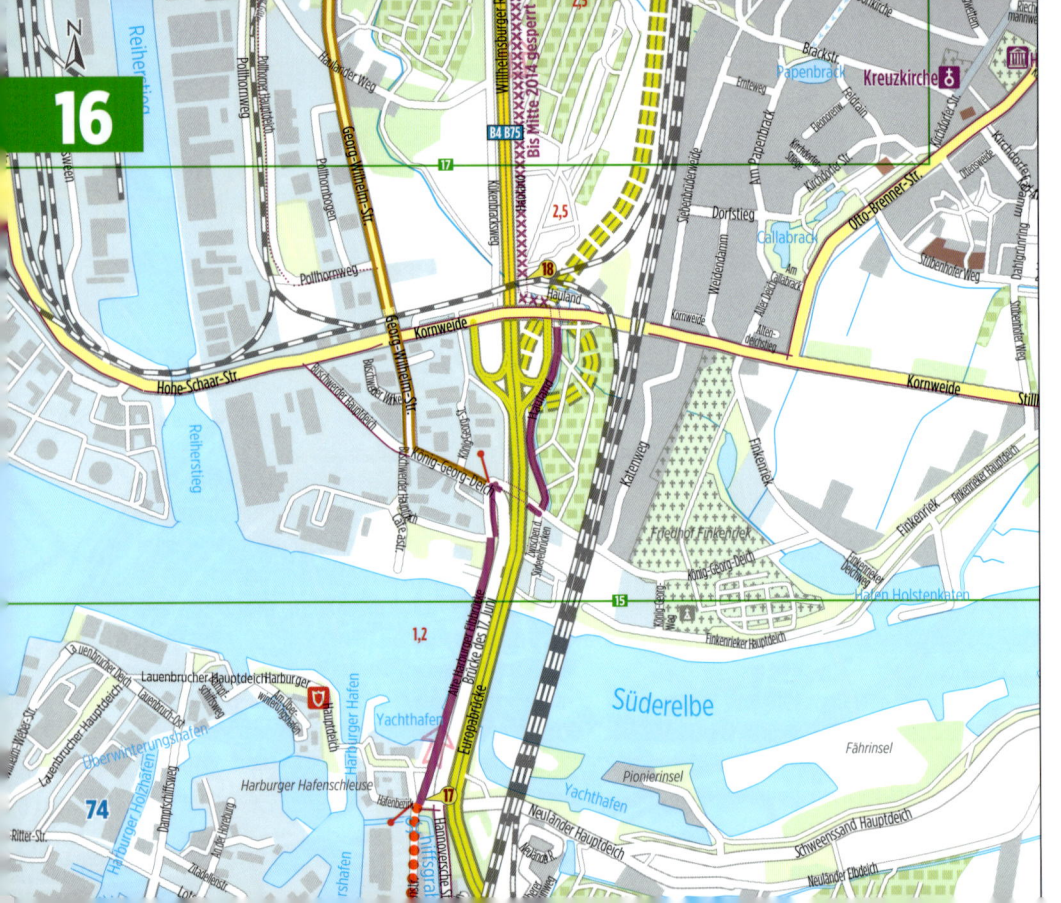

AndersRum (Karte 16): 18 Nach 1,6 km unter der Bahnbrücke hindurch 〰 in einer Links-Rechts-Kombination unter der Straßenbrücke hindurch und weiter auf der Anliegerstraße **Hauland** entlang der Autobahn 〰 an der Straße rechts, auf der linken Seite befindet sich ein Radweg 〰 unter der A 254 hindurch 〰 nach dem Linksbogen die Straße geradeaus über die Querstraße 〰 auf dem Radweg Richtung **Alte Harburger Elbbrücke** weiter und über die Süderelbe.

Harburger Elbbrücke 〰 die Straße **Brücke des 17. Juni** überqueren.

⚠ Bis voraussichtlich Sommer 2014 ist die Strecke ab hier östlich der Wilhelmsburger Reichsstraße wegen der Rückbauarbeiten der Internationalen Gartenschau (igs) 2013 nur eingeschränkt nutzbar. Nutzen Sie bis dahin die beschilderte Umleitung.

Umleitung

Fahren Sie nach Querung der Straße **Brücke des 17. Juni** links in die Straße **König-Georg-Deich** (Radweg) 〰 nach gut 200 m dem Straßenverlauf rechts in die **Georg-Wilhelm-Straße** folgen 〰 unter der Bahn hindurch im-

AndersRum (Karte 17): 19 Die Rotenhäuser Straße überqueren und weiter auf dem breiten asphaltierten Weg entlang dem Damm der Wilhelmsburger Reichsstraße; **bis voraussichtlich Mitte 2014** ist hier eine **Umleitung** nach rechts durch die Rothenhäuser Straße ausgewiesen, deren Verlauf in der Karte dargestellt ist ⌁ auf der offiziellen Route an der großen Wegkreuzung links unter dem Straßendamm hindurch ⌁ parallel zum Gewässer bis zur Dratelnstraße und diese geradeaus überqueren ⌁ vor dem farbenfrohen Verwaltungsneubau rechts abbiegen und die Neuenfelder Straße überqueren ⌁ geradeaus in die Straße **Am Inselpark** ⌁ über eine kleine Brücke in den Weg **Hauland** einfahren ⌁ nun links entlang der Wilhelmsburger Reichsstraße.

mer geradeaus ⌁ an der großen Kreuzung geradeaus über die Mengestraße ⌁ nach 500 m rechts in die **Rotenhäuser Straße** ⌁ kurz vor dem Damm der Wilhelmsburger Reichsstraße links, nun wieder auf der Hauptroute.

Auf der Hauptroute fahren Sie im Rechtsbogen, dann unter der **A 253** hindurch ⌁ gleich dahinter links in die Anliegerstraße **Hauland**, zugleich Radweg ⌁ dem gewundenen Verlauf an der Autobahnauffahrt vorbei folgen und unter der

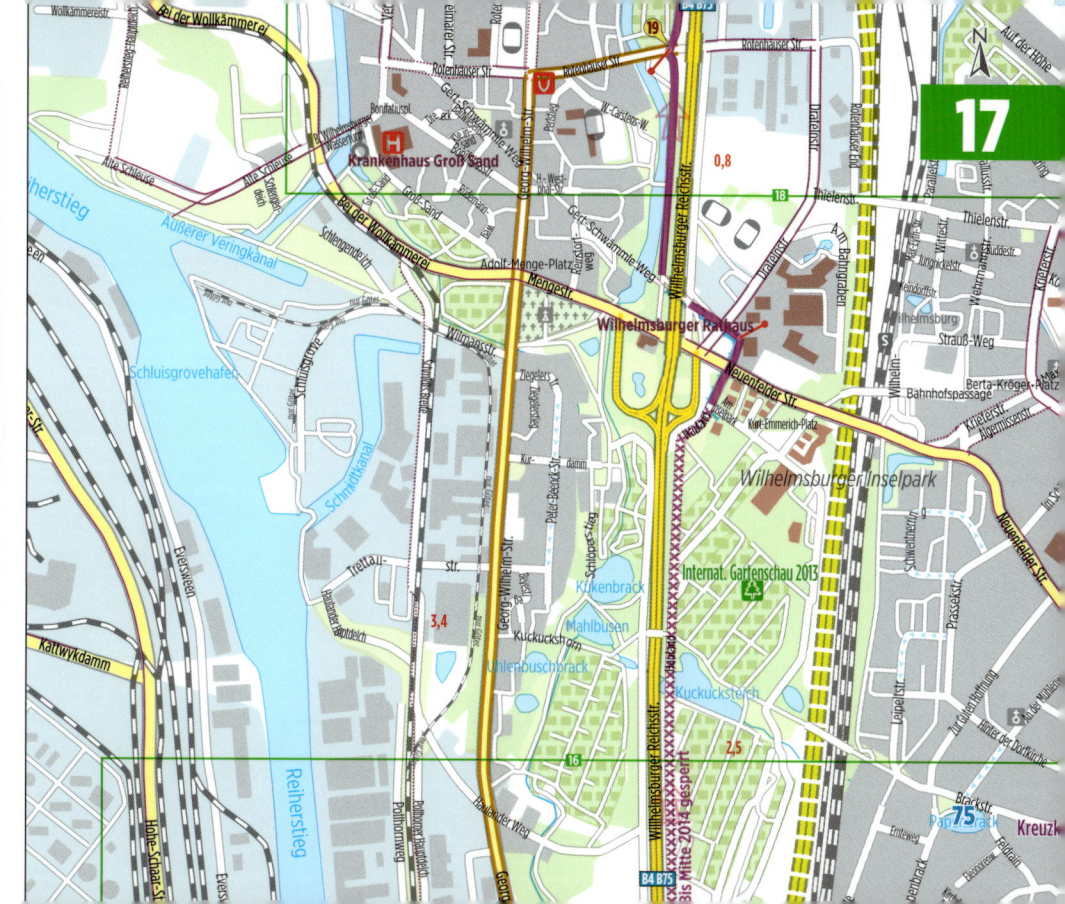

18

AndersRum (Karte 18): 20 Über die **Wilhelmsburger Brücke** am am **S-Bahnhof Veddel** vorbei nach der Bahnbrücke an Kleingärten entlang auf dem Radweg neben der Straße unter einer großen Bahnbrücke hindurch dem Radweg zum Ernst-August-Kanal folgen auf den Uferweg nach rechts an der **Schlenzigstraße** links über die Brücke geradeaus an Sportplätzen vorbei und dem Radweg neben den Kleingärten folgen.

Straßenbrücke hindurch direkt dahinter links und weiter auf dem Radweg **18** sogleich unter der **Bahnbrücke** hindurch, dann immer geradeaus entlang der Wilhelmsburger Reichsstraße am Ende über eine kleine Brücke geradeaus in die Straße **Am Inselpark** die Neuenfelder Straße queren beim farbenfrohen Verwaltungsneubau (Behörde für Stadtentwicklung und Umwelt), links geradeaus über die Dratelnstraße entlang des Gewässers den Damm der Wilhelmsburger Reichsstraße unterqueren an der folgenden Wegkreuzung (Gert-Schwämmle-Weg) rechts auf dem breiten asphaltierten Radweg entlang dem Straßendamm **19** geradeaus über die Rotenhäuser Straße und weiter auf dem Radweg vorbei an

AndersRum (Karte 19): **21** Unter der **Eisenbahnbrücke** hindurch ⌁ immer geradeaus entlang der stark befahrenen **Billhorner Brückenstraße** zu den **Elbbrücken** ⌁ nach der Brücke über die Norderelbe auf dem Radweg rechts hinunter zur Straße ⌁ geradeaus über die Prielstraße ⌁ am **Veddeler Marktplatz** vorbei rechts in die Straße Passierzettel, dann links in den **Sieldeich** ⌁ am Ende hinter dem Wendeplatz rechts in die **Veddeler Brückenstraße** ⌁ an deren Ende vor dem **S-Bahnhof Veddel** links auf den **Wilhelmsburger Platz**.

Kleingärten, rechts sind große Containerstapel sichtbar ⌁ hinter den Sportplätzen an der Kreuzung **Schlenzigstraße/Vogelhüttendeich** geradeaus auf die Brücke über den **Ernst-August-Kanal** ⌁ direkt dahinter rechts in den Radweg und kurz entlang des Kanals ⌁ wenig später links in den **Honartsdeicher Weg**, der Beschilderung Richtung Zentrum folgend ⌁ der Radweg schmiegt sich dicht an die Autobahn ⌁ unter der **Eisenbahnbrücke** hindurch ⌁ im Linksbogen des Radweges wieder vorbei an Kleingärten ⌁ folgen Sie dem Radweg links der **Veddeler Straße** geradeaus ⌁ zur Linken befindet sich der S-Bahnhof Veddel.

19

77

Hamburg, Speicherstadt

Der Stadtteil Veddel steht für den typischen Hamburger Wohnungsbau der 1920-er Jahre von Fritz Schumacher, man radelt praktisch mitten hindurch.

20 Nach den Ampeln über die **Wilhelmsburger Brücke** ～ hinter der Brücke der Beschilderung folgend halblinks in die Straße **Wilhelmsburger Platz** ～ dann rechts in die **Veddeler Brückenstraße** ～ kurz vor der Autobahn links in die Straße **Sieldeich** abzweigen ～ an der nächsten Querstraße nach rechts auf den Radweg ～ über mehrere Ampeln auf die

gegenüberliegende Straßenseite wechseln ～ im Rechtsbogen erst unter der Brückenauffahrt hindurch und hinauf zur Ostseite der **Neuen Elbbrücke** ～ auf dem Radweg entlang der stark befahrenen Brücke über die breite **Norderelbe**.

PLANUNG Nach der Elbbrücke soll die Route ab Sommer 2014 einen anderen Verlauf bekommen. Der künftige Wegverlauf ist als Planungweg in der Karte verzeichnet.

Planungsroute

Nach der Elbbrücke und der Brücke über den Oberhafenkanal kurz vor dem Hotelhochhaus rechts in den **Alexandra-Stieg** abbiegen ～ gleich wieder rechts die Rampe hinunter und parallel zur Norderelbe unter der Elbbrücke hindurch zum **Billhorner Löschplatz** ～ dort immer entlang der Hafenbecken auf der Promenade Richtung Innenstadt ～ linker Hand liegt der Oberhafen, rechter Hand der Großmarkt Obst, Gemüse und Blumen.

Nach einiger Zeit sieht man links die Neubauten der Hamburger HafenCity ～ an der zwei-stöckigen **Oberhafenbrücke** (oben Eisenbahn, unten Straße) die Promenade kurz verlassen und die Straßenbrücke queren ～ rechts der Promenade liegen die beiden Deichtorhallen ～ an der Straße **Oberbaumbrücke** rechts abbiegen zum **Deichtorplatz** ～ an der zweiten **Deichtorhalle** links über mehrere Ampeln die Amsinckstraße überqueren ～ geradeaus zum Hauptbahnhof.

Immer geradeaus auf dem Radweg entlang der breiten und stark befahrenen **Billhorner Brückenstraße** mit mehreren Kreuzungen ～ **21** unter der **Eisenbahnbrücke** hindurch ～ 200 m später über die **Billstraße** und auf

Hamburger Hafen

AndersRum (Karte 20): Vom Hamburger Hauptbahnhof am Eingang Spitalerstraße links auf den **Steintorwall** 〰 geradeaus über die beiden Ampelkreuzungen 〰 am **Deichtorplatz** vor dem Geländer rechts und gleich wieder links über die Fahrradampel in Richtung Altengamme 〰 Sie überqueren die Willy-Brandt-Straße und damit die Straßenunterführung 〰 dahinter halblinks an der Ampel über die Straße; ab **Sommer 2014** soll die Route ab hier verlegt werden, s. **Planungsradweg** in der Karte 〰 hinter der Ampel links und durch die Bahnunterführung 〰 danach rechts in den **Högerdamm** abzweigen 〰 an der **Amsinckstraße** rechts.

der Verkehrsinsel links den breiten Heidenkampsweg überqueren 〰 auf der anderen Straßenseite der Beschilderung folgend links halten, an der nächsten Ecke rechts in die **Amsinckstraße** 〰 weiter auf dem Radweg entlang dieser befahrenen Straße 〰 über den **Mittelkanal** schräg über die von rechts kommende **Spaldingstraße** 〰 am **Deichtorplatz** fahren Sie nicht in den Radwegtunnel, sondern rechts bergauf in den **Klosterwall** 〰 oben angekommen, ist schon die Halle des Hauptbahnhofes sichtbar 〰 weiter entlang

79

des **Steintorwalls** und geradeaus über die Kreuzung zur Bahnhofshalle ᵔ am **Hamburger Hauptbahnhof** endet die Tour.

INS ZENTRUM Wer eine kleine Sightseeing-Tour durch Hamburg machen will, der kann unserem nachfolgend beschriebenen Routenvorschlag folgen. Wenn Sie Interesse daran haben, Hamburg genauer zu erkunden, empfehlen wir Ihnen den bikeline-Radatlas Hamburg.

Kleine City-Tour   **6 km**

Sie fahren vor dem Bahnhof an der Kreuzung links in die **Mönckebergstraße** ᵔ bei der Hauptkirche **St. Petri** rechts die **Bergstraße** hinunter zum **Jungfernstieg** ᵔ links der **Kleinen Alster** auf dem **Reesendamm** zum **Rathaus** ᵔ links am Rathaus vorbei, dahinter rechts ᵔ rechts in den **Adolphsplatz** ᵔ an der nächsten Ampel links in den **Alten Wall** ᵔ am Ende sehen Sie den oberirdischen **U-Bahnhof Rödingsmarkt** ᵔ geradeaus immer entlang des Hochbahnviaduktes bis zur Straße **Beim Alten Waisenhause** ᵔ dort rechts in die Straße **Schaartor** und dann immer geradeaus, bis Sie

Mundsburger Kanal in Hamburg

rechter Hand zur Hauptkirche **St. Michaelis** hinaufblicken ᵔ weiter geradeaus durch die **Ditmar-Koel-Straße** entlang der Nordischen Seemannskirchen bis zur Straße **Bei den St. Pauli Landungsbrücken**, dort schräg rechts ᵔ hier befindet sich auch der **S-/U-Bahnhof Landungsbrücken**.

TIPP Von den Landungsbrücken können Sie zu großen oder kleinen Hafenrundfahrten starten.

Auf dem Radweg fahren Sie – den Hafen rechter Hand – parallel zur U-Bahn, die hier als Hochbahn verläuft ᵔ beim **U-Bahnhof**

Baumwall rechts abbiegen und über die Brücke in die historische Speicherstadt ᵔ der Straße **Am Sandtorkai** folgen und dann nach links in die Straße **Auf dem Sande** ᵔ nach der Brücke nach rechts und auf der Promenade am Zollkanal entlang ᵔ nach rechts auf die **Willy-Brandt-Straße** ᵔ an der nächsten Kreuzung (**Deichtorplatz**) gelangen Sie nach links zum **Hamburger Hauptbahnhof**.

Hamburg

PLZ: 20000-22999; Vorwahl: 040

🛈 Hamburg Tourismus GmbH, ✆ 30051300, www.hamburg-tourism.de

🛈 **Tourist-Information im Hauptbahnhof**, U/S-Bahn Hauptbahnhof/Hauptausgang Kirchenallee

🛈 **Tourist-Information am Hafen**, St.-Pauli-Landungsbrücken zwischen Brücke 4 und 5, ✆ 3344220

⚓ Große Hafenrundfahrt, St.-Pauli-Landungsbrücken, ✆ 3117070, Fährbetrieb: April-Sept., tägl. 10.30-16.30 Uhr, alle 1,5 Std., Verstärkung nach Bedarf, Okt.-März., Mo-Fr nach Bedarf, Sa, So/Fei 11-15.30 Uhr, Abfahrt nach Anmeldung, Dauer: ca. 1,5 Std.

⚓ **Englische Hafenrundfahrt**, Landungsbrücke 1, Fährbetrieb: März-Nov., tägl. 12 Uhr, Dauer: 1 Stunde

🚢 **Historische Fleet-Fahrt**, Vorsetzen (U-Bahn-Station Baumwall, U3), ☎ 30051555, Abfahrten: April-Okt., tägl. 10.30 Uhr, 13.30 Uhr u. 16.30 Uhr, Nov.-März, Sa, So 10.30 Uhr u. 13.15 Uhr, Dauer: ca. 2 Std.

🚢 **Anleger Jungfernstieg**: Alster-Rundfahrten, Fleet-Fahrten, Kanal-Fahrten, Vierlande-Fahrten, Teich-Fahrten, Dämmertörn, Alster-Kreuz-Fahrt, Dampfschiff-Törn, Stimmungsfahrten mit dem Dampfschiff St. Georg. 2-std. nostalgische Alsterfahrt mit Musik zu div. Themen. Informationen und Buchungen ☎ 3574240

🏛 **Hamburger Kunsthalle**, Glockengießerwall, ☎ 428131200, ÖZ: Di-So 10-18 Uhr, Do bis 21 Uhr. Kunst von der Renaissance bis zur Gegenwart.

🏛 **Museum für Kunst und Gewerbe**, Steintorplatz, ☎ 4281342732, ÖZ: Di-So 10-18 Uhr, Mi, Do bis 21 Uhr (außer an und vor Feiertagen). Das MKG ist eines der führenden Museen für angewandte Kunst in Europa. Zu sehen sind Sammlungen von der Antike über Design und Fotografie bis hin zu Musikinstrumenten.

🏛 **hamburgmuseum**, Holstenwall 24, ☎ 4281310, ÖZ: Di-Sa 10-17 Uhr, So 10-18 Uhr. Das Museum bietet einen Überblick zur Geschichte Hamburgs von den Anfängen um 800 n. Chr. bis zur Gegenwart.

🏛 **Altonaer Museum/Norddeutsches Landesmuseum**, Museumstr. 23, ☎ 42813582, ÖZ: Di-So 10-17 Uhr. Gezeigt wird die Kunst-

und Kulturgeschichte Norddeutschlands sowie Ausstellungsstücke zu Fischerei und Schifffahrt.

🏛 **Museum für Völkerkunde Hamburg**, Rothenbaumch. 64, ☎ 4288790, ÖZ: Di-So 10-18 Uhr, Do bis 21 Uhr. Zu sehen sind Schausammlungen aus Afrika, Amerika, Asien, Australien, Europa und der Südsee.

🏛 **Jenisch-Haus**, Baron-Voght-Str. 50, ☎ 828790, ÖZ: Di-So 11-18 Uhr. Das Museum zeigt Beispiele großbürgerlicher Wohnkultur des 16. bis 19. Jhs.

🏛 **Freilichtmuseum Rieck-Haus**, Curslacker Deich 284, ☎ 7231223, ÖZ: April-Sept., Di-So 10-17 Uhr, Okt.-März, Di-So 10-16 Uhr. Der Besucher erhält im Freilichtmuseum Einblick in die bäuerliche Kultur und Wirtschaftsweise.

🏛 **Museum der Arbeit**, Wiesendamm 3, ☎ 4281330, ÖZ: Mo 13-21 Uhr, Di-Sa 10-17 Uhr, So 10-18 Uhr. Das Museum informiert über die Hamburger Industrialisierungsgeschichte.

🏛 **Speicherstadtmuseum**, St. Annenufer 2 im Block R, ☎ 321191, ÖZ: April-Okt., Mo-Fr 10-17 Uhr, Sa, So/Fei 10-18 Uhr, Nov.-März, Di-So 10-17 Uhr. Neben der Arbeit in den Speichern wird die Geschichte der Speicherstadt aufgezeigt.

Fischmarkt

🏛 **Erotic Art Museum**, Bernhard-Nocht-Str. 77a, ☎ 3178410, ÖZ: So-Do 12-22 Uhr, Fr, Sa 12-24 Uhr. Die Sammlung zeigt erotische Kunst aus sechs Jahrhunderten.

🏛 **Museumsschiff – Windjammer Rickmer Rickmers**, St.-Pauli-Landungsbrücken, Brücke 1, ☎ 3195959, ÖZ: tägl. 10-18 Uhr. Der ehemalige Ostindien-Fahrer gilt heute als das „schwimmende Wahrzeichen Hamburgs".

🏛 **Museumsschiff – Cap San Diego**, Überseebrücke, ☎ 364209, ÖZ: tägl. 10-18 Uhr. Die Cap San Diego ist der letzte erhaltene klassische Stückgutfrachter seiner Serie und das weltgrößte seetüchtige Museums-Frachtschiff. Der „Weiße Schwan des Südatlantiks" wurde 1962 auf der Deutschen Werft Hamburg erbaut und fuhr im Liniendienst für die Reederei Hamburg-Süd die südamerikanische Ostküste an.

🏛 **Das Feuerschiff**, City Sporthafen Hamburg, Vorsetzen, ☎ 362553, ÖZ: Mo-Sa 11-1 Uhr, So 10-22.30 Uhr. Das nach alter Tradition in Nietenbauweise errichtete Schiff ist reichhaltig mit maritimen Accessoires bestückt.

🏛 **Panoptikum**, Spielbudenpl. 3, ☎ 310317, ÖZ: Mo-Fr 11-21 Uhr, Sa 11-24 Uhr,

So 10-21 Uhr. Im Wachsfigurenkabinett sind weit über 100 Persönlichkeiten aus Politik, Geschichte und Showgeschäft zu sehen, so zum Beispiel die Beatles, die in Hamburg ihre Karriere begannen.

🏛 **Auswandererwelt BallinStadt**, Veddeler Bogen 2, ✆ 319791690, ÖZ: April-Okt., tägl. 10-18 Uhr, Nov.-März, tägl. 10-16.30 Uhr. In der historischen Auswandererstadt können die Besucher die Geschichten der über 5 Mio. Menschen nacherleben, die zwischen 1850 und 1934 von Hamburg aus in eine neue Heimat aufbrachen.

🏛 **Museumshafen – Övelgönne**, ✆ 41912761. In dieser Elbidylle säumen alte Häuser mit verträumten Veranden die Uferstraße. Rund 20 Oldtimerschiffe sind am Elbanleger Neumühlen zu besichtigen. Stolz des Hafens ist das ehemalige Feuerschiff Elbe 3.

🏛 **Wasserkunst Kaltehofe**, Ausstellung auf dem Gelände des ehemaligen Wasserwerkes, Elbinsel Kaltehofe, ✆ 040/788849990, ÖZ: März-Okt., tägl. 10-18 .Uhr, Nov.-Febr., Di-So 10-18 Uhr. Mit Außengelände, Café und Shop.

⛪ **St. Michaelis** (1751-62), Englische Planke 1a, ✆ 376780, ÖZ: Mai-Okt., tägl. 9-19.30 Uhr, Nov.-April, tägl. 10-17.30 Uhr. Der „Michel" mit seinem Kirchturm ist das Wahrzeichen der Hansestadt. St. Michaelis ist die bedeutendste norddeutsche Barockkirche.

⛪ **St. Katharinen** (1350-1420), Katharinenkirchhof 1. Eine Figur der Heiligen Katharina steht auf dem 115 m hohen Turm.

⛪ **St. Petri** (12. Jh.), Mönckebergstraße. Nach dem Großen Brand von 1842 wurde die Kirche neu errichtet. Sehenswert ist die berühmte Arp-Schnitger-Orgel von St. Jacobi.

⛪ **St. Nicolai**, Abteistr. 38. Hier ist das Altarmosaik nach einem Entwurf des Künstlers Oskar Kokoschka zu bewundern.

🎭 **Imperial Theater**, Reeperbahn 5, ✆ 313114. Im Hause werden ausschließlich Kriminalstücke gespielt. Das Imperial Theater ist Deutschlands größte Krimibühne.

🎭 **Neue Flora**, Stresemannstraße/Ecke Alsenplatz, ✆ 30051150. Das Musicaltheater ist eines der größten in Deutschland.

🎭 **Theater im Hamburger Hafen**, Im Hamburger Hafen, gegenüber St. Pauli Landungsbrücken, ✆ 30051150. Dieses Theater präsentiert größtenteils Musicals.

🎭 **Operettenhaus**, Spielbudenpl. 1, ✆ 30051350. 1986 hatte das Musical CATS von Andrew Lloyd Webber seine deutsche Erstaufführung im Operettenhaus. Seitdem werden hier bekannte Musicals und Shows präsentiert.

🎭 **Deutsches Schauspielhaus**, Kirchenallee 39/41, ✆ 248713. Gezeigt werden Klassiker ebenso wie neue Stücke und musikalische Produktionen.

🎭 **Ohnsorg-Theater**, Heidi-Kabel-Pl. 1, ✆ 3508030. Aufführung von Volksstücken in plattdeutscher Sprache.

🎭 **Schmidts TIVOLI**, Spielbudenpl. 27/28, ✆ 30051400. Musik- Theater- und Varietéproduktionen, Nightclub.

Rathaus

🎭 **Thalia-Theater**, Alstertor 1, ✆ 328140. Neben einem Theaterbesuch bietet das Haus auch die Möglichkeit, an Workshops, Kursen und Theatergruppen teilzunehmen.

✳ **Rathaus** (1886-97), Rathausmarkt, ✆ 428312064, Führungen: Mo-Do 10-15 Uhr, Fr 10-13 Uhr, Sa 10-17 Uhr, So 10-16 Uhr, **83** halbstündlich. Mit 647 Räumen besitzt das im Stil der Neo-Renaissance erbaute Rathaus sechs Zimmer mehr als der Buckingham-Palace. Es ist Sitz des Senats und der Bürgerschaft.

St.-Michaelis-Kirche

❀ **Börse**, Adolphplatz, ÖZ: Mo-Fr 9-20 Uhr. Während der Handelszeiten Führungen für Gruppen unter ☎ 367444. Die Börse wurde 1558 gegründet und ist die älteste im Lande.

❀ **Speicherstadt**. Mitten im Freihafen zwischen Deichtorhallen und Baumwall liegt die hundertjährige Speicherstadt. Hinter der Fassade der wilhelminischen Backsteingotik der Gründerzeit lagern edle Güter: Kaffee, Tee, Kakao, Gewürze, Tabak, Computer und das größte Orientteppichlager der Welt.

❀ Die **Laeiszhalle** gilt als eines der schönsten Konzerthäuser Deutschlands und wurde im neobarocken Stil zwischen 1904 und 1908 erbaut.

❀ **Planetarium**, Hindenburgstr. 1b, ☎ 42886520, ÖZ: Mo, Di 9-17 Uhr, Di, Mi 9-21 Uhr, Do, Fr 9-21.30 Uhr, Sa 12-21.30 Uhr, So 10-18 Uhr. Auf der 21 m hohen Planetariumskuppel wird der Sternenhimmel naturgetreu projiziert. Vorführungen mit monatlich wechselnden Themen

❀ **Stadtrundfahrten**. Top-Tour, Gala Tour Hamburg, Scene Night Tour, mit der Hummelbahn oder im roten Doppeldecker, Große Lichterfahrt mit der Hummelbahn u. a. Abfahrtszeiten und Preise bitte bei der Tourist-Information erfragen.

❀ **Stadtrundgänge**. Hamburger Stadtrundgänge zu den verschiedensten Themen werden u. a. von der Hamburg Tourismus GmbH, ☎ 30051233 sowie von Stattreisen Hamburg e. V., ☎ 4303481 durchgeführt.

❀ **Tierpark Hagenbeck**, Lokstedter Grenzstr. 2, ☎ 5300330, ÖZ: tägl. ab 9 Uhr. Im einzigen privat geführten Tierpark Deutschlands sind mehr als 200 Tierarten in 54 Freigehegen zu beobachten, das 2007 zum 100. Jubiläum eröffnete Tropen-Aquarium gibt einen Einblick in die Unterwasserwelt. Außerdem werden verschiedene spezielle Veranstaltungen angeboten, wie z. B. Dschungelnächte oder fernöstliche Sommernächte.

❀ Der **Alsterpark** (in den westlichen Stadtteilen Alstervorland genannt) ist um die Außenalster gelegen.

❀ Die **Binnen- und Außenalster** entstanden 1235, als ein Damm die Alster staute und die Alsterniederung überflutet wurde.

❀ Bei **Planten un Blomen** können Sie den Botanischen Garten mit Tropenhaus, den größten Japanischen Garten Europas und die in Europa einmalige Wasserlichtorgel erkunden. Von Mai-Sept. tagsüber Wasserspiele, abends farbige Wasserlichtkonzerte.

❀ Die Geschichte des **Hirschparks** geht bis ins 18. Jh. zurück. Exotische Pflanzen wie Azaleen und Rhododendren sind hier zu bewundern.

Hamburg – die mehr als 1.000 Jahre alte Hansestadt ist pulsierende Metropole für 1,7 Millionen Hanseaten und zugleich Attraktion für tausende Touristen täglich. Vom Turm des „Michel", der Kirche St. Michaelis, bekommt man einen Eindruck von der Elb-Seite. Hafen-

stadt, Industriestandort und Medienmetropole – beim NDR in Lokstedt entsteht u. a. täglich die Tagesschau.

Zwischen dem 13. und 16. Jahrhundert war Hamburg Mitglied des Hanseatischen Städtebundes, und der Reichtum der damaligen Kaufleute machte die Stadt groß. Daran erinnern noch heute das sehenswerte, prunkvolle Rathaus, die Börse, die Speicherstadt, das Deichstraßen-Viertel und viele traditionelle Kontor-Häuser.

Hamburg ist aber trotz aller Traditionen auch eine junge Stadt. Das macht sich vor allem im erst rund 200 Jahre alten Stadtteil St. Pauli bemerkbar. Einerseits als Hochburg der Prostitution abgestempelt, hat dieser doch in den letzten Jahren deutlich an Attraktivität gewonnen. Wenn Sie die vielen Facetten dieses spannenden Hamburger Stadtteiles entdecken wollen, empfiehlt sich ein Streifzug mit den ortskundigen Gästeführern, denn tagsüber wirkt die 600 Meter lange Reeperbahn ruhig und gar nicht verrucht. 35.000 Menschen wohnen hier und in den Seitenstraßen des 2,5 Quadratkilometer großen Stadtteils. Das weltberühmte Leben auf der „sündigen Meile" beginnt erst mit Einbruch der Dunkelheit. Dann erstrahlen die Fassaden im Neonlicht, von neun Uhr abends bis vier Uhr früh stehen im Sperrbezirk die Damen vom Kiez.

Das neue St. Pauli, wo sich die Leute in vielen Kneipen die Tür in die Hand geben, liegt am Spielbudenplatz, der anderen Straßenseite der Reeperbahn.

Ebenso wie die Reeperbahn ist auch der Hafen für jeden Hamburg-Besucher ein Muss. Wer ihn richtig erleben will, sollte ihn zu Fuß erobern. Nach einem Bummel durch die historische Deichstraße eröffnet sich der Blick auf die schönen Fassaden der alten Kontorhäuser in der Speicherstadt, wo es nach Kaffee, Kakao und Gewürzen riecht. Mit einer der vielen Hafen-Barkassen lässt sich dieser Teil der Stadt aber auch bestens vom Wasser aus erkunden. Nach dem Besuch der Speicherstadt fahren die Barkassen vorbei an den sehenswerten Museumsschiffen „Cap San Diego" und „Rickmer Rickmers" in die großen Hafenbecken. Zum Greifen nahe kommen Sie an die Ozeanriesen heran, die im Containerterminal be- und entladen werden.

Ein Erlebnis im Hafen ist auch der Alte Elbtunnel. Mit einem hölzernen Fahrstuhl geht es in die Tiefe. Sogar Autos können transportiert werden.

Sie haben nun das Ende Ihrer Radreise erreicht. Wir hoffen, Sie hatten einen erlebnisreichen und interessanten Radurlaub und freuen uns, dass Sie ein *bikeline*-Radtourenbuch als Begleiter gewählt haben.

Das gesamte *bikeline*-Team wünscht Ihnen eine gute Heimreise!

Übernachtungsverzeichnis

Dieses Verzeichnis beinhaltet folgende Übernachtungskategorien:

H	Hotel
Hg	Hotel garni
Gh	Gasthof, Gasthaus
P	Pension, Gästehaus
Pz	Privatzimmer
BB	Bed and Breakfast
Fw	Ferienwohnung (Auswahl)

Alle mit dem Bett+Bike-Logo (◉) gekennzeichneten Betriebe erfüllen die vom ADFC vorgeschriebenen Mindestkriterien als „Fahrradfreundliche Gastbetriebe" und bieten darüber hinaus so manche Annehmlichkeit für Radfahrer. Detaillierte Informationen finden Sie unter www.bettundbike.de.

Bh	Bauernhof
Hh	Heuhotel
🏠	Jugendherberge, -gästehaus
⛺	Campingplatz
⛺	Zeltplatz (Naturlagerplatz)

Die Auflistung erhebt keinen Anspruch auf Vollständigkeit und stellt keine Empfehlung der einzelnen Betriebe dar.

Die römische Zahl (I-VII) nach der Telefonnummer gibt die Preisgruppe des betreffenden Betriebes an. Wir möchten Sie jedoch darauf hinweisen, dass die angegebenen Preiskategorien dem Stand des Erhebungs- bzw. Überarbeitungszeitraumes entsprechen und sich von den tatsächlichen Preisen unterscheiden können.

Besonders während Messezeiten, aufgrund von unterschiedlichen Zimmertypen und nicht zuletzt saisonal bedingt sind preisliche Schwankungen möglich.

Folgende Unterteilung liegt der Zuordnung zugrunde:

I	unter € 15,–
II	€ 15,– bis € 23,–
III	€ 23,– bis € 30,–
IV	€ 30,– bis € 35,–
V	€ 35,– bis € 50,–
VI	€ 50,– bis € 70,–
VII	über € 70,–

Die Preisgruppen beziehen sich auf den Preis pro Person in einem Doppelzimmer mit Dusche oder Bad inkl. Frühstück. Übernachtungsbetriebe mit Zimmern ohne Bad oder Dusche, aber mit Etagenbad, sind durch das Symbol ⚲ nach der Preisgruppe gekennzeichnet. Fahrradfreundliche Bett+Bike-Betriebe sind mit dem Symbol ◉ gekennzeichnet.

Da wir das Verzeichnis stets aktuell halten, sind wir für Mitteilungen bezüglich Änderungen jeder Art dankbar. Der einfache Eintrag erfolgt für Betriebe natürlich kostenfrei, aus Platzgründen können wir diesen allerdings nicht garantieren.

Für die neuesten Informationen besuchen Sie uns auf
www.facebook.com/verlagesterbauer

Bremen
Vorwahl: 0421

🛈 Bremer Touristik-Zentrale, Findorffstr. 105,
📞 3080010

🛈 Bed&Breakfast Privatzimmervermittlung, Walsroder Str. 2, 📞 5360771

🛈 Bremer Betten, Liegnitzstr. 23, 📞 2449856

🛈 Bremer Gästehäuser, Westerholzstr. 51,
📞 0172/4243920

Arbergen
PLZ: 28307

P Grothenns Gästehaus, Colshornstr. 61, ✆ 41020, V-VI

Hemeligen
PLZ: 28309

H Hansahof, Brüggeweg 20, ✆ 41760, V

H Montana, Europaallee 1, ✆ 458570, IV-V

Habenhausen
PLZ: 28279

H Zum Werdersee, Holzdamm 104, ✆ 838504, IV-V

Hg ETAP, Borgwardstr. 10, ✆ 837350, III

Obervieland
PLZ: 28277

H visit-Hotel Links der Weser, Senator-Weßling-Str. 1, ✆ 94956100, V-VI

Vahr
PLZ: 28329

H Atlantic an der Galopprennbahn, ✆ 333000, V-VI

H The Cruise Café Hotel Bremen, August-Bebel-Allee 4, ✆ 23870, V-VI

Bremen-Zentrum
PLZ: 28195-28215

H Bremer Haus, Löningstr. 16, ✆ 32940, VI 🖳

H Gästehaus Walter, Buntentorsteinweg 86, ✆ 525950, IV-V

H Courtyard by Marriott Bremen, Theodor-Heuss-Allee 2, ✆ 696400, VI-VII

Hg Buthmann, Löningstr. 29, ✆ 326397, V

Hg Hostel Bremer Backpacker, Emil-Waldmann-Str. 5-6, ✆ 2238057, III 🖳

H City am Bahnhof, An der Weide 18, ✆ 3648052, V-VI

H Kleine Residence, Hohenlohestr. 42, ✆ 348710, VI-VII

H Columbus, Bahnhofspl. 5, ✆ 30120, VI-VII

H Radisson Blue Hotel Bremen, Böttcherstr. 2, ✆ 36960, VII

H ibis Altstadt, Faulenstr. 45, ✆ 30480, V

H ibis Centrum, Rembertiring 51, ✆ 36970, V

H InterCityHotel, Bahnhofspl. 17, ✆ 16030, V-VII

H Lichtsinn am Park, Rembertistr. 11, ✆ 368070, VI

H Maritim & Congress Centrum, Hollerallee 99, ✆ 37890, VII

H Park Hotel Bremen, Im Bürgerpark, ✆ 34080, VII

H Best Western Schaper-Siedenburg, Bahnhofstr. 8, ✆ 30870, VI 🖳

H Überseehotel, Am Markt/Wachtstr. 27, ✆ 36010, VI

H Wolters, Alter Postweg 192, ✆ 4350077, IV

H Zum Kuhhirten, Kuhhirtenweg 5, ✆ 555337, VI 🖳

H Best Western Zur Post, Bahnhofspl. 11, ✆ 30590, V-VII

Hg Am Hillmannplatz 1, Hillmannpl. 1, ✆ 13258, V

Hg Apartmenthotel Rembertiring, Rembertiring 49, ✆ 3398676, II-IV

Hg Atlantik, Hastedter Osterdeich 205, ✆ 432700, III-V

Hg Bölts am Park, Slevogtstraße 23, ✆ 346110, V

Hg Bremer Apartmenthotel, Hastedter Osterdeich 206, ✆ 4686972, III-V

Hg Domizil-Pension, Graf-Moltke-Str. 42, ✆ 3478147, IV-V

Hg Hanseat, Bahnhofsplatz 8, ✆ 14688, VI

Hg Hanseatic, Glockengang 4, ✆ 325435, V-VI

Hg Haus Bremen, Verdener Str. 47, ✆ 949410, V

Hg Hotelschiff Perle, Schlachte 111, ✆ 949410, VI-VII

Hg GastHaus Hotel Bremen, Löningstr. 30,

✆ 2238057, V 🖳

Hg Krone, Hastedter Osterdeich 209, ✆ 443151, IV- V

Hg Pension Weidmann, Am Schwarzen Meer 35, ✆ 4984455, III

Hg prizeotel Bremen city, Theodor-Heuss-Allee 12, ✆ 2222100, V

Hg Stadt Bremen, Heinkenstraße 3, ✆ 949410, V

Hg Turmhotel Weserblick, Osterdeich 53, ✆ 949410, V-VI

Hg Townside Hostel, Am Doben 62, ✆ 78015 III-VI 🖳

Gh Zur Börse, Arster Heerstr. 35–37, ✆ 822658, III

P Gästehaus Peterswerder, Celler Str. 4, ✆ 447101, IV- V

P Höpkens Ruh, Oberneulander Landstr. 69, ✆ 205853, VI

Pz Am Weserwehr, Fleetrade 2, ✆ 4985952, II-III

🏠 Jugendherberge Bremen, Kalkstr. 6, ✆ 163820 III-IV 🖳

🏠 Bremer Seemannsmission e. V., Jippen 1, ✆ 169440, III-IV

⛺ Camping am Stadtwaldsee, Hochschulring 1, ✆ 8410748

Bremen-Neustadt
PLZ: 28199-28201

H Hanseatic, Neuenlander Str. 55, ✆ 522680, V-VII

H Westfalia, Langemarckstr. 38, ✆ 59020, V-VI 🖳

Hg Alte Neustadt, Große Johannisstr. 228-230, ☎ 598740, V 🅿

P Galerie, Thedinghauser Str. 46, ☎ 557620, III-IV

P Haus Neustadt, Graudenzer Str. 33, ☎ 551749, III-IV

Pz Ursel Pepper Große Annenstr. 100, ☎ 5977912 II-III

Pz Am Werdersee, Buntentorsteinweg 260/262, ☎ 55900304, II-III 🅿 🐾

Schwachhausen
PLZ: 28209-28213

H Heldt, Friedhofstr. 41, ☎ 213051, V-VI

H Munte am Stadtwald, Parkallee 299, ☎ 22020, VI-VII 🅿

Hg Heinisch, Wachmannstr. 26, ☎ 342925, IV-V

Gh Kuhsiel, Oberblockland 2, ☎ 3016851, II-IV 🅿

Rablinghausen
PLZ: 28197

H Weser Utkiek, Hasenbürener Landstr. 83, ☎ 8728581, V

Walle
PLZ: 28237

H Innside by Melia Bremen, Sternentor 6, ☎ 24270, VI-VII

Lilienthal
PLZ: 28865; Vorwahl: 04298

ℹ Gästeinformation Lilienthal, Klosterstr. 16, ☎ 929118

Gh Zur Schleuse, Truperdeich 35, ☎ 2025, V

BB Grünes Haus, Wilhelm-Otten-Str. 12, ☎ 4394, IV 🅿

Pz Gästehaus an der Wörpe, Mühlendeich 76, ☎ 3674

Pz Sölbrandt, Feldhäuser Str. 3, ☎ 5730, II

Fw Boccia, Klosterstr. 25a, ☎ 698220, II-III

Trupermoor
H Land-Gut-Hotel Rohdenburg, Trupermoorer Landstr. 28, ☎ 40090, V-VI

H Schomacker, Heidberger Str. 25, ☎ 93740, V 🅿

Pz Gästehaus am Heidberg, Am Heidberg 3, ☎ 0163/1603436, II

Frankenburg
Fw Köster, Hinter dem Berg 12, ☎ 3885

Fw Auf der Frankenburg, Auf der Frankenburg 2, ☎ 31562

Worphausen
P Pein, Worphauser Landstr. 4, ☎ 3643, II

Klostermoor
P Klostermoor, Am Saatmoor 23-25, ☎ 93690, IV

Westerwede
P Dreier, Westerweder Str. 2, ☎ 7910, III

Worpswede
PLZ: 27726; Vorwahl: 04792

ℹ Tourist-Information Worpswede, Bergstr. 13, ☎ 935820

H Worpsweder Tor, Findorffstr. 3, ☎ 98930, V-VI

H Eichenhof, Ostendorfer Str. 13, ☎ 2676, VII

H Village, Bergstr. 22, ☎ 93500, VI-VII

H Diedrichshof, Ostendorfer Str. 27, ☎ 93310, V-VI

H Galerie-Hotel Haar, Hembergstr. 13, ☎ 93250, IV-V

Hg Tulipan, Im Schluh 37, ☎ 950061 od. 522, V

Hg Buchenhof, Ostendorfer Str. 16, ☎ 93390, V-VI

P Haus Niedersachsen, Am Thiergarten 2, ☎ 1231, V 🅿

P Wendlandt, Buchenweg 3, ☎ 9519199

P B&B Föhrenhof, Hinterm Berg 20, ☎ 954530, IV

🏠 Jugendherberge Worpswede, Hammerweg 2, ☎ 1360 🅿

Grasberg
PLZ: 28879; Vorwahl: 04208

H Grasberger Hof, Speckmannstr. 58, ☎ 91720

H Schützenhof Wörpedorf, Wörpedorfer Str. 18, ☎ 1714, V 🅿

Gh Schnau, Worphauser Landstr. 3, ☎ 2312, III

Borgfeld
PLZ: 28357; Vorwahl: 0421

H Borgelder Landhaus, Warfer Landstr. 37, ☎ 2777147

Pz Machewitz, Kiebitzbrink 87, ☎ 272347

Fischerhude
PLZ: 28870; Vorwahl: 04293

H Haus Berkelmann, Zum Dieker Ort 13, ☎ 344, V-VI

Gh Bellmann´s Gasthof, Landstr. 1, ☎ 312, V-VI

P Müller, In der Bredenau 79, ☎ 7455, III 🅿

Pz Gätje, In der Bredenau 59, ☎ 7423, II-III

Pz Voß, Bodderweg 16, ☎ 7049, II

Pz Fittjer, Am Immenberg 5, ☎ 320

Pz Brüning, Am Immenberg 3, ☎ 7011

Pz Berkelmann, Eichenstr. 6, ☎ 658

Fw Bargmann, Molkereistr. 12, ☎ 7469

Fw Cordes, Im Krummen Ort 12, ☎ 7736

Fw Natur&Luxus, In der Bredenau 69, ☎ 205, V (ohne Frühst.)

Ottersberg
PLZ: 28870; Vorwahl: 04205

ℹ Flecken Ottersberg, Grüne Str. 24, ☎ 31700

H Haus Biederstaedt, Am Kindergarten 3, ☎ 8222, IV

Gh Zur Moorhexe, Wümmingen 12 (5 km südl. von Ottersberg), ☎ 04297/205, III

Fw Schulze, Bremer Str. 5, ☎ 1493

Fw Alte Eichen, Mühlenstr. 16, ☎ 1242, III

Fw An der Wümme, Badeweg 17, ☎ 319109

Fw Ottersberg, Verdener Str. 27, ☎ 315807

Quelkhorn
Fw Haus Daesener, Quelkhorner Landstr. 8,

✆ 04293/918-06, -07, III
Fw Dilisky, Losberg7, ✆ 04293/501 od. 0176/60903119, III

Otterstedt
PLZ: 28870; Vorwahl: 04205
Pz Preuk-Litke, Mühlenstr. 18, ✆ 1925, III
Pz Mammes, Benkel 26, ✆ 04288/927094
Pz Petersen-Maack, Mühlenstr. 27, ✆ 779549
Fw „Ferien im Igelhaus", Igelweg 5, ✆ 1769
Fw Alte Eichen, Mühlenstr. 16, ✆ 1242, II-III▣

Buchholz
PLZ: 27412; Vorwahl: 04283
ℹ Tourist-Information Samtgemeinde Tarmstedt, Hepstedter Str. 9 / Rathaus Tarmstedt, ✆ 8937919
Pz Alte Schule, Barbara Franke, Dipshorner Str. 29, ✆ 5269, III▣

Wilstedt
P Wiege, Konterschaft 1a, ✆ 981575 , III▣
Pz Renate Westermann, Auf der Loge 6, ✆ 5273
▲ Camping Wüllenheide, An der Reitbahn 4, ✆ 0176/65527411

Vorwerk
PLZ: 27412; Vorwahl: 04288
Fw Budde, Wiesengrund 2, ✆ 95195
Fw Mühlenhof, Am Mühlenhof 12, ✆293

90

Hh Ponyhof Schmidt, Hof Hollinghausen, Hollinghauser Str. 6, ✆ 460, II

Nartum
PLZ: 27404; Vorwahl: 04288
P Gerhardt, Auf dem Berge 12, ✆ 9279004, III
Fw Schröder, Mulmshorner Str. 17, ✆ 675
Fw Hesse, Kampstr. 1, ✆ 680

Gyhum
PLZ: 27404; Vorwahl: 04286
H Mini-Hotel, Am Grund 4, ✆ 335, II-III▣
P Haack, Bergstr. 2, ✆ 1859, II
P Niedersachsenhof Köhnken, Sick 13, ✆ 9400

Elsdorf
PLZ: 27404; Vorwahl: 04286
H Elsdorfer Hof, Lange Str. 37, ✆ 209009, III

Zeven
PLZ: 27404; Vorwahl: 04281
H Central, Alte Poststr. 2, ✆ 93910, V▣
H Ringhotel Paulsen, Meyerstr. 22, ✆ 941-0, V, ▣
H Landhaus Roose, Altbremerstr. 2, ✆ 93720, IV
Hg Landhaus Radler, Kastanienweg 17, ✆ 988820, V▣
Fw Ingeborg, An der Bünte 5, ✆ 1561
🏠 Jugendherberge Zeven, Tarmstedter Str. 1 (4,5 km westl. der Innenstadt), ✆ 2550▣
▲ Sonnenkamp, Sonnenkamp 10, ✆ 951345

Heeslingen
PLZ: 27404; Vorwahl: 04281
H Zum Hollengrund, Kirchstr. 20, ✆ 4438

Weertzen
PLZ: 27404; Vorwahl: 04287
Fw Eichen-Hof-Weertzen, Kreuzberg 10, ✆ 294, III-IV▣

Groß Meckelsen
PLZ: 27419; Vorwahl: 04282
H Hotel Zur Klostermühle, Kuhmühler Weg 7, ✆ 594190, VI-VII▣
H Schröder, Am Kuhbach 1, ✆ 50880, IV-V▣
Gh Zum Lindenhof, Hauptstr. 18, ✆ 1576

Klein Meckelsen
PLZ: 27419; Vorwahl: 04282
Pz Bi uns to Hus, Langenfelder Str. 27, ✆ 592344, III
Fw Gundies Home, Dorfstr. 15, ✆ 593215

Sittensen
PLZ: 27419; Vorwahl: 04282
ℹ Tourist-Information, Am Markt 11, ✆ 9300-1650
H Landhaus de Bur, Bahnhofstr. 3, ✆ 93450, IV▣
H Landgasthof Oehr, Kirchenweg 2, ✆ 933600, IV-V
Hg Zur Mühle, Bahnhofstr. 25, ✆ 93140, V
Pz Vollbehr, Meyerhofstr. 17, ✆ 611, II
Pz Pension Kropp, Fritz-Reuter-Str. 6, ✆ 2009, III
Fw Reith, Meyerhofstr. 30, ✆ 5114

Fw Haasehof, Lindenstr. 5, ✆ 5577
Fw Andresen, Tilsiter Str. 17, ✆ 1469

Hamersen (4 km südl. von Sittensen)
Gh Langdgasthaus zur alten Linde, Scheeßeler Str. 10, ✆ 1641, IV

Tiste
PLZ: 27419; Vorwahl: 04282
P Cordes, Hauptstr. 32, ✆ 3226
P Klostergut Burgsittensen, ✆ 95235, III

Heidenau
PLZ: 21258; Vorwahl: 04182
H Heidenauer Hof, Hauptstr. 23, ✆ 4144, V
H Gasthaus Burmeister, Everstorfer Str. 7, IV
H Eichenhain, Bruchweg, ✆ 4257
▲ u. Fw Ferienzentrum Heidenau, Zum Ferienzentrum 1, ✆ 4272 od. 4861▣

Hollenstedt
PLZ: 21279; Vorwahl: 04165
H Hollenstedter Hof, Am Markt 1, ✆ 21370, V
H Heitens Hof, Lange Str. 4, ✆ 21310, V▣

Emmen
H Gasthof Emmen, Koppelweg 2, ✆ 8338, V

Wennersdorf
P Lütenshof, Lindenstr. 7, ✆ 212543, II (ohne Frühst.)

Moisburg
PLZ: 21647; Vorwahl: 04165

Fw Ferienhaus am Estethal, Niendorfer Weg 24, ☎ 971055

Appel
PLZ: 21279; Vorwahl: 04165

H Deutsches Haus, An der Kreisstr. 29, ☎ 8325
H Ferien auf dem Land, Karlsteinweg 45, ☎ 97230, V

Eversen
PLZ: 21279; Vorwahl: 04165

H Ferien auf der Heid, Karlsteinweg 45, ☎ 97230, V

Rosengarten
PLZ: 21224; Vorwahl: 04108

Nenndorf
H Böttcher's Gasthaus, Bremer Str. 44, ☎ 7147, V-VI

Sieversen
H Greenline Hotel Holst, Hauptstraße 29-33, ☎ 0800/8807060, VI-VII

Sottorf
H Cordes am Rosengarten, Sottorfer Dorfstraße 2, ☎ 43440, V-VI

Tötensen
H Rosengarten, Woxdorfer Weg 2, ☎ 5950,VI-VII

Hansestadt Hamburg
PLZ: 20001-22799; Vorwahl: 040

Nachfolgend sind nur Hamburger Bett+Bike-Betriebe aufgelistet. Für weitere Unterkünfte in Hamburg wenden Sie sich bitte an die angegebenen Telefonnummern der Touristeninformationsstellen.

Buchungsservice:

ℹ Hamburg Tourismus GmbH, ☎ 30051-351
ℹ Tourist-Information im Hauptbahnhof, Hauptausgang Kirchenallee, ☎ 30051-200
ℹ Tourist-Information am Hafen, St.-Pauli-Landungsbrücken, zwischen Brücke 4 und 5, ☎ 334422-0

H Central, Präsident-Krahn-Str. 15, ☎ 306150 🔌
H Windsor, Wandsbeker Str. 10, ☎ 6469000, VI-VII 🔌
H Das Gästehaus der Elb Lounge, Manteuffelstr. 39,

☎ 88941660, VI 🔌
H Ökotel, Holsteiner Chaussee 347, ☎ 5597300, V-VI
H Schanzenstern, Bartelsstr. 12, ☎ 4398441, IV 🔌
Hg Auszeit, Bauernweide 11, ☎ 76116560, V-VI 🔌
P Achtern Elvdiek, Altengammer Elbdeich 102, ☎ 7235187, III 🔌
P Vierländele, Kirchwerder Elbdeich 122, ☎ 79319444
Pz Bed- and Breakfastpension Deichnest, Eichholzfelder Deich 14, ☎ 7374428 🔌
Pz Krantz, Detlev-Bremer-Str. 44, ☎ 315112, III 🔌
Fw Am Elbdeich, Kirchwerder Elbdeich 3, ☎ 7239655 🔌
Fh Anke Rohloff, Curslacker Heerweg 63, ☎ 7206822 🔌
🏠 Jugendherberge Auf Dem Stintfang, Alfred-Wegener-Weg 5, ☎ 313488, II-III
🏠 Jugendgästehaus Hamburg, Horner Rennbahn, Rennbahnstr. 100, ☎ 6511671, II-III 🔌
⛺ Campingplatz Schnelsen-Nord, Wunderbrunnen 2, ☎ 5594225
⛺Elbe Camp, Falkensteiner Ufer 101, ☎ 812949

Ortsindex

Einträge in *grüner Schrift* beziehen sich aufs Übernachtungsverzeichnis.

Alles muss man

SELBER

machen lassen!

RAUSGEHEN

ist wie
Fenster aufmachen

NUR KRASSER!

MIT NUR **12 PROZENT AKKU** AUS DEM HAUS GEHEN. MAN MUSS AUCH MAL WAS **RISKIEREN IM LEBEN!**

Hol den **Wein**, wir müssen über **Gefühle reden**

GLÜCKSFORMEL

 #1

Weniger stressen,
MEHR
SCHMUSEN!

Ich bin nicht eingebildet!

Mich gibt's wirklich!

HER mit DEM schönen LEBEN!

Ich will einen

PINGUIN

der mir morgens

APPLAUDIERT

wenn ich aufstehe!

KÖNNTE MAN *Genervtsein* IN *Geld* UMWANDELN, KÖNNTE ICH SO GEGEN 15 UHR *in Rente gehen.*

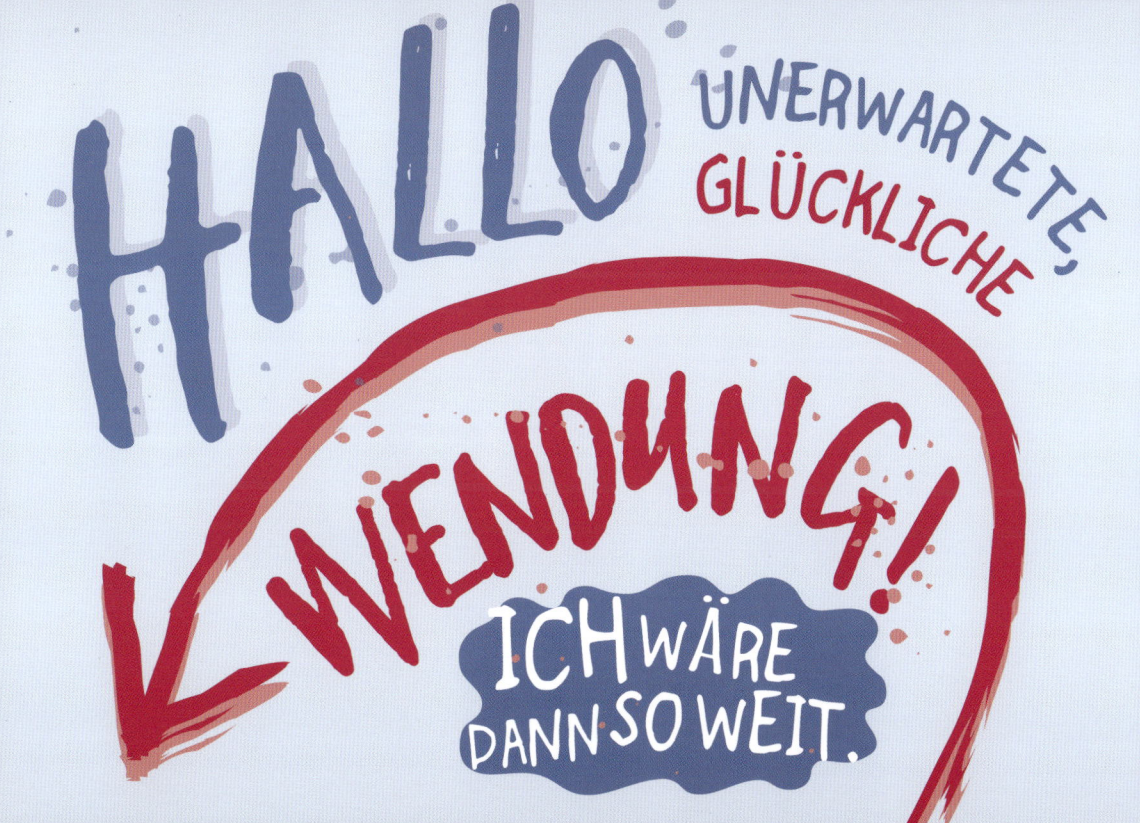

SCHMÖSCHTEDASALLESNISCHT

Laut meinem Kontostand

unterstütze ich andauernd

so ein Hilfsprojekt im

amazon

IN EINER STUNDE RUHIGEN SITZENS
VERBRENNT MAN:

73 Kalorien!

ICH HABE MEINEN SPORT GEFUNDEN.

SCHOKOLADE IST GOTTES ENTSCHULDIGUNG FÜR BROKKOLI.

ALLES GUTE
ZUM
ALLTAG!

Ich so:

OCH, BITTE!

Und dann
mein Leben so:

 NÖ.

MEIN **KOPFKINO** VERDIENT EINEN

OSCAR

WENN DU DIE WAHL HAST,
DAS BAD ZU PUTZEN
ODER
ZUM SPORT ZU GEHEN...
WELCHE SERIE
SCHAUST DU DANN?

MEINE ELTERN HABEN MIR DAMALS IMMER VERBOTEN, AN DEN SCHRANK MIT DEN REINIGUNGSMITTELN ZU GEHEN.

ES WIRKT BIS HEUTE!

Die Lehre der
kleinen Raupe Nimmersatt

Man isst ganz viel und wird dann ganz schön!

Auf dem Display vorsichtig einen Krümel in eine Ecke schieben wollen.

Dabei 98 Leute geblockt und einen Trecker ersteigert.

Du kennst das ja.

Es gibt Frauen,

DIE KÖNNEN IN HIGH HEELS RENNEN.

Und es gibt mich:

ICH KANN BARFUSS IM STEHEN UMKNICKEN.

Ich führe ein Leben mit viel

Würde

Und Wäre. Und Hätte.

Ich bin so unentschlossen.
Als japanischer Krieger wäre ich ein

POMMES SIND FRITTIERTE SONNEN-STRAHLEN!*

* UND DESHALB GERADE IM WINTER SO WICHTIG.

AUSSERHALB DES KÖRPERS WIRKEN

KALORIEN IMMER SO

LIEBENSWERT!

Mathe klang für mich immer so:

Zwei Goldfische wanderten
durch die Wüste.
Der eine war pink,
der andere klein.
Wie viel wiegt die Palme,
wenn es regnet?

BEI MANCHEN MENSCHEN DENK ICH MIR:

"DER DREHT SICHERLICH AUCH DAS QUADRAT."

MEIN BETT IST HALB VOLL!

— DER OPTIMISTISCHE SINGLE —

MEIN BETT UND ICH LIEBEN UNS

ABER MEIN **WECKER** WILL DAS EINFACH NICHT AKZEPTIEREN!

MEIN PC SCHREIBT NUR NOCH IN GROSSBUCHSTABEN!

HABEN SIE DIE FESTSTELLTASTE GEDRÜCKT?

NEIN. DAS HABE ICH GANZ ALLEINE GEMERKT!

5 MINUTEN DUMM STELLEN

ERSPART OFT EINE STUNDE ARBEIT

GEFÜHLTE LÄNGE DER WOCHENTAGE:

MOOOOOOOOOOOOOONTAAAAAAAG
DIEEEEEEEEEEEEENSTAAG
MIIIIIIIIIIITTWOOOCH
DOOONNERSTAG
FREITAG
SMTG
S

WELCHES ZIEL HABEN SIE?

»FEIERABEND.«

UND LÄNGERFRISTIG?

»WOCHENENDE.«

Wenn jemand mit dir streiten will,

einfach Kekse essen.

Die schmecken gut und man hört nichts mehr.

UM MORGENS IM BAD ZEIT ZU SPAREN, BIN ICH

einfach schön

„Abschminken"

ODER WIE ICH ES SAGE:
GESICHT AUF WERKSEINSTELLUNGEN
ZURÜCKSETZEN.

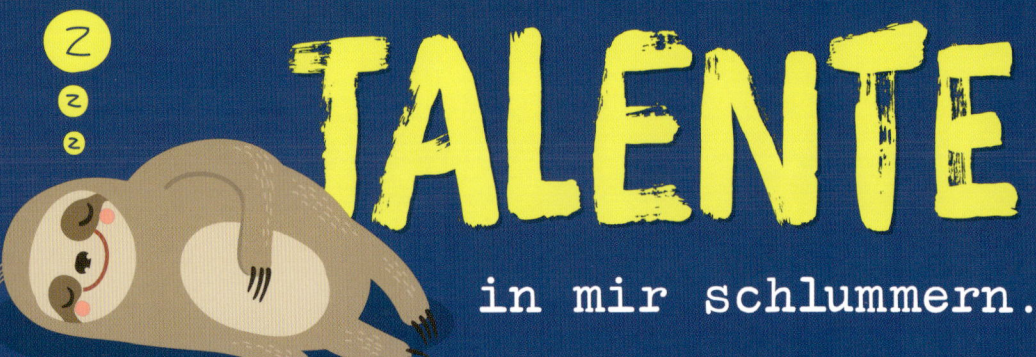

Vielleicht bin ich deshalb

IMMER SO MÜDE weil so viele

TALENTE

in mir schlummern.

Lord, give me coffee to change the things I can change, and wine to accept the things I can't.

BETRACHTE DIE DINGE
MAL ANDERS.

BEI NEUGIERDE HALTEN HUNDE AUCH DEN KOPF SCHRÄG.

ISBN 978-3-86229-453-4

GW-Trading GmbH · Stadtring Nordhorn 113 · 33334 Gütersloh · Deutschland
© GRAFIK WERKSTATT Das Original · www.grafik-werkstatt.de